後天時代の生活信仰

文鮮明
Sun-Myung Moon

光言社

はじめに

天地人真《まこと》の父母様の勝利によって、心情文化世界を実体的に創建していく後天時代を迎えました。その世界は、父母の心情とみ言《ことば》を中心に生活そのものが芸術化され、全人類が一つの家族、一つの兄弟姉妹として、互いにために生きる真の愛の世界です。それを一言で言えば、〝真の父母に侍って暮らす生活〟です。

本書の中に次のようなみ言があります。

「侍る生活とはどのような生活でしょうか。至誠を尽くす生活です。昔は霊的に神様に対して精誠を尽くしましたが、今日では、実体的な父母の前に孝と誠を尽くすのです」（第四章第二節より）

つまり、〝侍る生活〟とは〝真の父母のために至誠を尽くす生活〟であり、その最初の一歩が〝み言の訓読〟なのです。

これまで真の父母様は、実体をもって神様に侍って暮らす生活を私たちに見せてくださいました。その核心は、正に神様に対する絶対信仰、絶対愛、絶対服従です。ですから、私たちは、真のお父様のみ言の中から生活信仰を学び、生活の中で神様と真の父母様に対する絶天一国主人《てんいちこくしゅじん》として、祝福中心家庭として、絶対信仰、絶対愛、絶対服従を実践していくことによって、氏族的メシヤとして勝利しなければなりません。

本書の内容はそのために編纂《へんさん》されたものであり、真《まこと》のお父様のみ言《ことば》の中から「後天時代の生活信仰」、「真の父母様の生活哲学」、「自然から学ぶ生活哲学」、「体恤《たいじゅつ》信仰と侍る生活」の各テーマで精選されたものです。

二〇〇五年から二〇〇八年までのこの四年間は、絶対善霊となった私たちの先祖が地上に再臨し、私たちと共に天地人真の父母様に〝侍って暮らす生活〟をする期間です。私たちが先頭に立って絶対信仰、絶対愛、絶対服従を実践し、霊肉合同作戦によって御言《みことば》訓読家庭教会の摂理を勝利して、天地人真の父母様に栄光と喜びと実績をお返ししましょう。

二〇〇五年八月一日

世界基督《キリスト》教統一神霊協会

後天時代の生活信仰・目　次

目　次

※　本文中、各文章の末尾にある（　）内の数字は、原典『文鮮明先生み言選集』の巻数とそのページ、または、み言の日付を示しています。

例：（一二三―四五六）＝第百二十三巻の四五六ページ、（二〇〇一・一・一）＝二〇〇一年一月一日

第一章　後天時代の生活信仰

第一節　「後天時代」とは

カイン時代が「先天時代」だとすれば、「後天時代」はアベル時代です。「先天時代」に血筋が変わったのですが、「後天時代」には、兄の位置を身代わりしてアベル的勝利の覇権を実行できる時代となり、来られる真《まこと》の父母が権限を取り戻し、天宙・天地・天地人父母が「十勝日」の上に定着できる時代となりました。ですから、すべてのものを蕩減《とうげん》した新しい「後天時代」においては、悪の全体を踏み越えたアベル圏がすべてのものを相続するのです。そして僕《しもべ》の僕《しもべ》の位置から僕の位置を経て復帰の道を歩んでゆく真の父母の道を行き、絶対信仰、絶対愛、絶対服従し得る環境的与件をつくっておいたので、解放と釈放の時代が来るのです。（二〇〇四・五・二九）

神様が苦労された数千万年のすべて、この地上に解放の天国を迎えるために経てきたすべてが、今「先天時代」を経て「後天時代」に来て、新しい出発をするのです。このすべての心的基準を中心としてこの位置まで来るために、蕩滅革命、良心革命、心情革命を経てきたので、その過程において神様が心の中で悲しんだ苦痛を完全に解放してあげ、釈放してあげるべき新しい次元の時代に越えていくことを知らなければなりません。

ですから、「双合十勝日」です。五年を中心として、分かれた天地を一つにしなければなりません。東西が一つになり、心と体全体を一つにして勝利の日を迎えることによって、今からは、神様が日の主人であり、月の主人であり、四季の主人であり、この地上の王権を中心とする天地を統一された「愛の王」の主人であり、「真《まこと》の父母の王」の主人であり、「真の師の王」の主人です。

真の王の王の世界を迎えれば、すべてを忘れるのです。神様の前に、歴史の前に、「自分たちはこのような民族だ」という、背後の歴史の伝統を通して今まで生きてきた基盤は、完全に忘れてしまわなければなりません。

完全な革命の基盤の上で、アダム家庭の完成ではなく、今からは、神様と真の父母と天地人父母が完成することによって地上に定着し、新しい「後天時代」、新天新地の愛の永遠な主権を立てて出陣するのです。(二〇〇四・六・三〇)

一日を父母様と共に連結して暮らせる時代が来ました。自分が生まれて、この地上で暮らし、そしてあの世界に行っても、別れることなく一緒に暮らせる時代を「後天時代」と言うことを忘れてはいけません。

それで、今からアジア、アフリカ、オセアニア、ヨーロッパを問わず、すべて一つの家庭のために、一つの氏族、一つの民族、一つの国家、一つの天宙として、一組の父母、一人の師、一人の主人に侍る国を後天世界というのです。神様の三大主体思想の中心となるその方が、思いどおりに愛で主管できる世界を後天世界というのです。（二〇〇四・六・二二）

皆さんには国がありません。国があるのは、天宙・天地・天地人父母だけです。これは驚くべき言葉です。無形の神様が実体をもつのです。実体をもって人の世界をつくらなければなりません。人の世界を指揮しようとすれば、人間が定着しなければなりません。神様だけでも駄目で、聖人たちばかりでも駄目です。神様と聖人が一つになった天地人父母が安着侍義してこそ、理想世界になるのです。それで安着侍義時代というのです。ですから、「後天時代」に越えていくのです。（二〇〇四・六・二二）

神様が取り戻すべき天宙・天地・天地人父母を完全に埋めてしまったので、これを取り戻すために来られる主が、神様の代身、真の父母の代身、天地人父母の代身なので、神様の苦労に責任をもち、苦労する位置にいる天地人父母を解放しなければなりません。ですから、先生は、一人で人の世界を解放しなければならず、真の父母の世界を解放しなければならず、神様の世界を解放しなければなりません。そして、神様をお迎えして真《まこと》の父母と一つになるようにし、真の父母と共に再臨主の実体の上で、初めて天地人父母の印を受けて定着する時代が「後天時代」です。その「後天時代」は安侍日《アンシイル》時代です。平安に神様をお迎えしなければならない時代を安侍日時代といいます。そしてそれを「後天時代」というのです。（二〇〇四・六・二二）

本然の本宮《ほんぐう》を取り戻さなければなりません。愛の本宮、生命の本宮、血統の本宮を取り戻さなければならないのです。本宮とは何でしょうか。完成する真のアダムとエバ、すなわち理想的な夫婦が結婚する生殖器のことです。それは、愛の王宮であり、生命の王宮であり、血統の王宮だったのです。それを失ってしまったので、どのような困難があっても、これを取り戻して世界化させなければなりません。世界の男性と女性が数千億になっても、アダムとエバの二人の愛がサタンの血筋をつくり、サタンがとどまることができる影の世界をつくったので、これまで清算しなければなりません。それで釈放世界を宣言せざるを得ないのです。

釈放とは、一個人や皆さん自体だけのことではありません。皆さん個人から家庭、氏族、民族、天宙まで、サタンが汚した痕跡《こんせき》を完全に否定するのです。完全になくなったということです。ですから、人という種は、もうサタンと関係ありません。神様と関係があり、真の父母と関係があるのです。

釈放されたので、「先天時代」が過ぎていき、「後天時代」が来ました。「後天時代」は、正に天宙父母、天地父母、天地人父母に侍る時代です。ですから、「後天時代」は、霊界にいる聖人、聖子《せいし》よりも神様に侍らなければなりません。（二〇〇四・六・二二）

今から私たちが行く道には、解放だけがあります。釈放の実績を備えて天の国に帰らなければならないのが、アベル圏にいるすべての存在の使命的責任です。それで、喜びで万歳を叫びながら天に奉献し、天も喜ばれる中でつくられたこのすべてのものは、サタンに与えるためのものではなく、神様の息子、娘に与えるためのものなのです。ですから、新しい天地開闢《かいびゃく》時代を迎えて、王子、王女の権限をもち、王権を維持するにおいて、忠孝の道理を果たす孝子の家庭となり、忠臣の家庭となり、天の国の家庭として天国を開門する皆さんとなり、解放的時代の責任者にならなければなりません。それが「後天時代」において、祝福家庭としての特権であることを知らなければなりません。（二〇〇四・五・二九）

私たちは、今新しい「後天時代」を迎え、真の愛を中心として神様を完成させてあげなければなりません。神様御自身に未完成の部分が残っているという意味ではなく、完全な主体であられる神様の前に対象として創造された私たち人間も、完全な対象、すなわち絶対価値を備えた真《まこと》の対象にならなければならないという意味です。既にその位置にいらっしゃる真の父母様に似て、神様が絶対的位置で絶対相対を確保し、解放をお受けになるように、真の理想家庭の愛の主人になることが私たちの責任です。(二〇〇四・七・一六)

第二節　蕩減《とうげん》路程を通じた個人完成

六千年の歴史は、個人から家庭、氏族、民族、国家、世界へと進んできた歴史です。統一教会は、個人、家庭、氏族、民族、国家、世界、天宙、神様まで、八段階を経るのです。祈祷するとき、この八段階を中心として祈祷するでしょう？「お父様、個人復帰を完成し、家庭復帰を完成し……」。

それは、どういうことでしょうか。個人復帰の完成は家庭の中にあり、家庭復帰の完成は氏族の中に、氏族復帰の完成は民族の中に、民族復帰の完成は国家の中に、国家復帰の完成は世界の中に、世界復帰の完成は天宙の中に、天宙復帰の完成は神様の愛の中にあるというのです。すべて、神様の愛を中心として天宙的に一つになりなさいという意味です。（六一―七五）

復帰路程は、個人復帰、家庭復帰、氏族復帰、民族復帰、国家復帰、世界復帰、天宙復帰、神様の愛復帰まで八段階を経ていかなければならないのですが、そのまま一度にはできません。アダムとエバが堕落していなければ、そのまま完成するのですが、これが歴史時代に僕《しもべ》の僕《しもべ》に落ちていったので、一度に上がってくることはできないのです。それは、それぞれの段階を開拓しながら引き継いでいく過程には、その過程ごとに必ず蕩減《とうげん》条件が必要であったということです。蕩減条件を立てることによってサタンが分立されます。サタンのために蕩減条件が必要なのであって、サタンがいなければ蕩減条件は必要ありません。(一六一―二〇三)

僕の僕から僕、養子、庶子、直系の子女、母、父、神様までの八段階です。八段階が残っています。それを、はっきりと知らなければなりません。統一教会の責任者になる前に、その国の僕の僕にならなければなりません。そのようにしなければ解放の道がありません。僕、そして養子の扱いを受けなければなりません。庶子の扱いを受けなければなりません。そして、直系の子女になり、こうして上がっていくのです。

この段階に上がっていくときは、必ず蕩減がなければなりません。サタンと決闘し、神様の公判によって勝敗を決定することができなければ、蕩減路程を行けません。家庭の蕩減路程を行くことができないのに、氏族の蕩減路程を行けますか。とんでもないというのです。氏族の蕩減路程を行けないのに、民族の蕩減路程を行くことはできず、民族の蕩減路程を行けないのに、国家の蕩減路程を行くことはできず、国家の蕩減路程を行けないのに、世界の蕩減路程を行くことはできず、世界の蕩減路程を行けないのに、天宙の蕩減路程の道を行く

ことができますか。それを、はっきりと知らなければなりません。（一九八九・一〇・一七）

蕩減復帰は不可避です。なぜ蕩減復帰しなければならず、なぜサタンを分立しなければならないのでしょうか。本然の責任分担を果たせる自然で自由な環境の基盤を必要とするからです。そのようにすれば、サタンが讒訴《ざんそ》できず、サタンが因縁を結べない所を、私が占領するようになるからです。ですから、蕩減復帰、責任分担完成という基準は、論理的にも不可避なのです。（一四八―二〇四）

蕩減復帰というとき、それは復帰のための蕩減です。蕩減されたのちに復帰して、完成の道を行くのです。ですから、蕩減と復帰は一つだと考えればよいのです。完成は、自動的に成されるのではなく、蕩減によって成されます。それゆえ、堕落世界に生きている人間は、蕩減条件を立てなければ完成できません。

統一教会でいう復帰の道は、どのような道でしょうか。一般の宗教は、ただ救われなければならないとして救いの道を求めますが、私たちは、復帰しなければならない復帰の道を求めるのです。それでは、復帰とは何でしょうか。復帰は、どのようにするのでしょうか。再創造の過程を通してするのです。（一六八―三一四）

私たちが復帰路程を行くにおいて、なぜ蕩減《とうげん》法を重要視しなければならないのでしょうか。それは、摂理的に見るとき、神様が創造されたものを人間がすべて滅ぼしてしまったので、私が再創造しなければならないからです。再創造するためには、神様が創造の役事をするときに精誠を尽くされたので、私も精誠を尽くし、その条件で復帰するのです。

神様がこの宇宙を造るとき、遊びながら、踊りながら造られたのではありません。あらゆる精誠を尽くし、一〇〇パーセント投入して造られました。神様が創造された時のように、私が再創造するのが復帰の道なのに、それをただ遊びながらするのですか。

本来、アダムとエバが成長の各段階を完成するにおいては、それぞれの責任分担が与えられました。一段階の成長期間にはその段階の責任分担、つまり三段階の成長には三段階の責任分担を完遂しなければなりません。

ここには例外がありません。すべての人は、同じ条件をもっていて、責任を完遂することによって成長できるのです。もし神様が、堕落人間に同じ量の責任分担を要求されたならば、堕落前の本来の位置に私たち自身を復帰できるという希望は少しもありません。責任分担を完遂できる機会を失ってしまった代わりに、私たちは、蕩減条件を立てなければならないのです。

責任分担と蕩減は、一つは右側の立場であり一つは左側の立場、一つは右側の足と同じであり一つは左側の足と同じなのですが、それを失ってしまいました。責任分担も分からず、蕩減も分からないのです。ですから、どのように行くのですか。それでは行くことができません。責任分担と蕩減復帰を連結しておかなければ前進は不可能であることを知らなければなりません。そのようなことを考えてみましたか。

蕩減は嫌いでしょう？　神様も、摂理も、すべて嫌いでしょう？　しかしきょうからは、御飯を食べるのを忘れてしまっても、寝ることを忘れてしまっても、愛する人のことを考えるのを忘れてしまっても、これを忘れてはいけません。そのように深刻なのです。（一二四―一〇四）

蕩減復帰は、肯定の条件が少しでも残っていれば成し遂げることができません。絶対否定の条件によって蕩減条件が立てられます。そのように、絶対否定の基準が個人、家庭、氏族、民族、国家、世界、天宙、神様のところに出ていく時まで立てられなければなりません。それで、八段階が充足されれば人類歴史の理想郷が連結されます。その段階ごとに必ず絶対否定の過程を経なければ、神様と通じる理想郷を連結することはできません。

蕩減を嫌う側はサタン側であり、蕩減を好む側は神側であることを今、分かりました。それでは、自分自身を静かに反省してください。自分は神側ですか、サタン側ですか。それは、皆さんがよく知っているでしょう。皆さん自身に尋ねてみてください。今まで皆さんはみ旨に従ってきましたが、蕩減《とうげん》を嫌うのはサタン側であり、蕩減を好むのは天の側だということをはっきりと分かったのなら、今からどちらの道を行きますか。（一一六―一二五）

人間は、自分が今暮らしている所が善と悪を中心として善の側か悪の側かを決定しなければならない、中間の立場にいます。また、私が善の方向に行くのか悪の方向に行くのかも、第三者の力を借りて決定するのではなく、自分自らの判断によって決定しなければなりません。さらには、責任分担を果たすことができずに堕落した人間の子孫となった私たちは、必ずこれを決定しなければならない重大な岐路にいることを知らなければなりません。（二九―三三二）

蕩減条件は、自分自身が立てなければなりません。ほかの人が代わりに立てることはできません。堕落は、主管圏を失ったことを意味するのです。アダムが責任分担を果たせなかったので、私たちが責任分担を果たすにおいて、誰かの協助を受けては、その使命を完遂できない立場にいます。最後の決定は、私たち自身がするのです。言い換えれば、善の人になるのか、悪の人になるのかを決定するのは、神様がしてくださるのではなく、私たち自身がしなければならないのです。（二九―三三三）

私たちはまず、天国家庭を成し得る人格者にならなければなりません。言い換えれば、個人完成を成さなければならないのです。個人完成を通して真《まこと》の人格者になろうとすれば、心と体の統一を完成しなければなりません。心と体を統一させ得る唯一の道は、ために生き、真の愛で投入したのちに忘れてしまい、絶対服従によって、対象としての主体的愛の主人を完成させる絶対価値観の実践しかないのです。（二〇〇四・五・二一）

第三節　正午定着

統一教会では「正午定着」と言います。正午には影がありません。その場に行って立ってみれば、太陽の光より、ダイヤモンドの光よりもっと明るい光に照らされているのですが、暗闇《くらやみ》がそこに行ってぶつかれば、暗闇はこなごなに壊れていくのです。ホタルの光も暗闇に屈服しないのに、神様が照らす光明な、あの太陽の光よりも何百倍明るいその光を覆ってしまうことはできないのです。そこに吸収されてしまうのです。（二〇〇三・一〇・二五）

物質の一つである地球も、正午を中心としていつも回っていくのです。ましてや、この宇宙を代表し、愛を代表したこの人間に、この正午のような理想的境地がないでしょうか。神様に能力がないのなら分かりませんが、そのような正午の一ポイントがなくてはならないという結論は、非常に理論的です。（一二三―二一八）

「正午定着」という言葉は、ここで入籍修練をした人には、先生が強調して話をしました。正午定着しなければなりません。過去をここに加えても影を出さず、現在にいても影を出さず、未来においても影がないように、神様がいらっしゃるその垂直の真下の位置に立つのが正午定着なのです。（二〇〇二・一・二）

正午には影が見えなくなります。だからといって影がなくなるのではありません。影はあるのです。その中に入っていて見えないだけです。現れないだけであって、相対的概念がないのではありません。影がなくなるのではなく、一つになっているので現れないのです。これは、垂直においてのみあることであって、ほかの所ではありません。それは零点統一です。天国とは何かというと、影のない所です。昼と夜がありません。真《まこと》の愛だけが完全に太陽のようになっている所です。その下には影がありません。私の中に入っていくのです。（二五三―一八二、二五六―二一一、二九二―二五四）

絶対的な神様が愛を必要とされれば、どこで愛するのかが問題だというのです。それは垂直においてのみ愛することができるのです。垂直の場でのみ可能です。正午には、いくら影を探しても見つけ出すことはできません。なぜ見つけることができないのですか。それは、一つになっているので絶対的だということです。絶対的なのですが、「どのような絶対的存在になるのか。つぶれた絶対的存在になるのか」と尋ねれば、「どのような絶対者かというと、丸い絶対者になりたい」と言うのです。そのような言葉が出てきてこそ、神様もその中に入っていって隠れることができるのです。なぜでしょうか。影までも消化し、主管して、第一存在の根源地を明らかにし得る位置なので、そこに神様がいらっしゃるのです。影のない所に神様がいらっしゃるというのです。影があることはあるのですが、見えないのです。それが縦的な愛です。(一九四—一七〇)

朝に定着して日が昇ってくれば、影が西の方にでき、午後に定着すれば、西の方の影が東の方にできるのです。ですから、完全定着とは何かというと正午です。「十二時、ジャスト」というときにまっすぐ立てば、自分の周辺の三六〇度から影が消えるのです。

男性として女性を愛するのに、影がありますか、ありませんか。女性として男性を愛するのに影がありますか、ありませんか。良心から見るとき、自分の本性の基準で正午の位置にぴたっと定めて立った夫になり、妻になったのかという問い掛けに、自信をもつことができる人は誰ですか。答えは、自分がすべて知っています。良心をだますことはできません。夫婦が影のない完全正午の十二時にぴたっと位置を定めて定着すれば、神様が崇拝されるのです。孝子に対しては、父母も崇拝するのです。(二〇〇〇・九・二四)

イースト・ガーデンに行けば、食堂に「一心定着」という揮毫《きごう》があります。そこで食事をするときは、どろぼうのような心で食べてはいけません。心と体が一つになって感謝する心で食べなければなりません。神様も息子、娘の心が一つになった家庭に定着しようとされるのです。宇宙が一つの心に定着しなければなりません。夫婦、息子・娘、父母、兄弟、すべてです。きのう先生は何と言いましたか。「正午定着」と言ったのです。一心の中央にぴったと定着すれば影がありません。そのことです。定着です。今から家庭において、あなた方が必ず守らなければならない訓示です。(二〇〇〇・九・二六)

ですから、ここで私が、入籍修練が終わった時に「正午定着だ」と訓示して、歴史にもない、辞書にもない新しい言葉を創造して発表したことを皆さんは知っているでしょう？　正午定着すれば影がありません。影がないのです。頂上です。正午ではありません。正午定着です。正午は、昼でもなく、夕方でもなく、朝でもなく、夜でもありません。そうでしょう？　永遠に一年中、朝と昼であって、夜はありません。影がないのです。

それでは、心と体が闘えば、影が生じるでしょうか、生じないでしょうか。闘って体が強ければ左側に影ができ、心が強ければ右側に影ができるのです。「完全に一つになって初めて影のない正午定着になる」と言いました。正午定着できない人は、この門を通過する道理がありません。今から帰って、刃物を突き立てて誓い、傾いた姿勢を正さなければならないと決意して、「自分を屈服させなければならない」と千回、万回命令しなければなりません。裁判長の神様に代わって自分に命令しながら、絶対服従が絶対一体圏を成すと思って、「安心してくださいますように」と言える自分を取り戻してこそ、天の国を建国できる勇士として、このような所に参席することができるのです。(二〇〇二・一・二)

皆さんがここで入籍祝福の修練をするとき、「正午定着」と言いました。影があってはいけません。皆さんの心と体が一つにならなければ、日の光が照ってきたときに、心が高い所にあれば、その高い所から左側に影ができます。体が良心よりも高ければ、左側から影ができます。正午定着がなされなければなりません。完全に上・中・下が垂直に立たなければなりません。上・中・下が垂直です。ですから、一番上は何ですか。神様です。神様が一代ならば、アダムが二代です。ですから、三代圏が垂直にならなかったのです。神様には三代がありません。孫や孫娘をもつことができなかった、かわいそうな神様を知らなかったのです。私たち人類の先祖であり、私たちの師の中の師であり、主人の中の主人であり、王の中の王である天下の大主宰であられるその方が、このように悲惨な立場に立ったという事実を、堕落した人類は知りませんでした。知ることができなかったのです。(二〇〇三・一・二)

皆さんは、正午定着ということを知っているでしょう。先生の名前のように、鮮明な朝日が昇れば、創造されたすべての万物も、そこに生命線を合わせて、あいさつすると同時に、新しい日が始まる喜びの歌を歌って喜ぶことができるのです。そのように、朝日を見つめながら喜ぶのと同じように、私は、昼食あるいは夕食のとき、昼も夜もそのような心情で天に向かい、正午定着の影のない生活をしなければなりませんでした。

それは、後ろを振り返らない前進だけが必要だったのであり、正午定着して影がないために、サタンがそこに条件を引っ掛けることができず、影を見いだせない生活をしなければならないので、いつも光明な朝のような聖火をもって生活したのです。朝起きるとき、朝に食事をするとき、昼に食事をするとき、夜に食事をするとき、眠るとき、再び目覚めるとき、あらゆることをするときに、そのような心情で過ごしてくることによって、天が私の行く道を開拓してくださり、導いてくださったので、今日のこの位置にまで来ることができたと思うのです。（二〇〇三・一〇・一四）

皆さん、ロトの妻が後ろを振り返って塩の柱になり、人類の信仰者たちの教訓になっていることを知っているでしょう。私は、後ろを振り返らず、毎日、前進的一日と正午定着で、いつも天に侍って暮らしているので、祈祷が必要ない生活をしたという事実を、皆さんは記憶しなければなりません。生活自体が祈祷であり、生活自体が前進だったことを知らなければなりません。（二〇〇三・一〇・一四）

正午定着には、所有権をすべて否定しなければなりません。これから世の中のすべての習慣と風習を越えて、私たちの家庭盟誓《カヂョンメンセ》の五節にあるように、霊界を中心として地上と一つになり、すべてのものに合わせていくべき各自の責任があります。今から私たち天法統一教会は、正午定着を宣布して新しく出発するので、そのような生活をしなければ、今後天法に引っ掛かって即決処分を受ける時代に入っていくのです。正午定着時代において、すべての祝福家庭は、再臨主の代身の立場に立つようになり、その立場は天使長よりも高い立場です。蘇生《そせい》、長成、完成圏を越えて天使長たちよりも高い愛の位置に立つので、神様を解放できるようになるのです。この時代に世界の主人がいないので、これから新しい主人を立てて正午定着の時代に越えていくのです。（二〇〇三・五・一〇）

春を過ぎて夏の季節に正午定着、影のない時代が来ます。影のない神様が一年中、光で主管できる正午定着の時代に移ることにより、この時、私たち祝福家庭には、入籍祝福式をしてあげるのです。個人ではありません。家庭を祝福してあげるのです。ですから、家庭が聖別されて入っていくことができます。

ところが、今は家庭だけではありません。今残っているのは、国が聖別されて入っていくことです。しかし、国がないのです。実体の国がありません。韓国がこのことをしなければなりません。韓国は今、国を取り戻す良い時です。国連さえ決意すれば、韓国や日本、すべての国がそれに合わせて天上の世界に直結され、地上の家庭から天の国に高速道路で直行できるのです。（二〇〇三・五・二二）

皆さんは、毎日、毎瞬間、自分自身の生活を点検して生きなければなりません。学生時代に試験問題を前にしてその答えが「○」か「×」か分からず、どぎまぎした経験があるはずです。皆さんの一生も同じです。数え切れないほど変化無双に展開する皆さんの日常生活の中で、毎瞬間、皆さん自身が自分の生活を「○」と「×」の概念で分析し、点検して採点する生活をしてみなさい。形や性格的に見ると、「○」は「×」を包容して消化できます。しかし、「×」は「○」を包容できません。

皆さんの答えが「○」の時は、皆さんの生活が肯定的で希望的であり、縦的に天に軸を立てて影のない正午定着的な生活を送っている時なのです。「ために生きる」真《まこと》の愛の精神で怨讐《おんしゅう》までも許して包容する、深くて広い生活をしているのです。しかし、皆さんの答えが「×」の時は、不安と焦燥《しょうそう》、恨みや猜疑心《さいぎしん》などの否定的な要素で心がいっぱいになった恥ずかしい姿です。それは、心と考えが狭く、偏狭《へんきょう》で、周囲の誰も目に入らない利己的で個人主義的な生活の姿です。

したがって皆さんの選択は、非常に明確だと信じます。毎時、毎瞬間、「○」をもらえる生活を送らなければなりません。一つもゆがまず完全無欠な「○」をもらわなければなりません。いつ、どんな所に置かれても、中心と九〇度の直角を形成する「○」の姿にならなければならないのです。

明るく燃える太陽を見上げても恥ずかしくなく、広大無辺の宇宙に対しても堂々としていて、森羅万象の前でも一点の隠すものもない真《まこと》の「○」を探し立てる生活を送ってください。「○」は和合と統一と平和の象徴です。「×」が死亡の象徴ならば、「○」は愛と生命を意味します。心と体が完全に一体となるとき、皆さんの姿は「○」として顕現するのであり、心と体が葛藤《かっとう》して混乱を起こすとき、皆さんの姿は「×」として現れるのです。(二〇〇四・一一・八)

今まで家庭で自分勝手に暮らしてきました。けんかもしたのですが、けんかをしてはいけません。男性が妻に手を上げてはいけません。そして、新しい教育を定着させなければなりません。教育できなかった内容を天地父母が見せてあげるのです。教育できなかったことが神様の恨《ハン》です。きょう、その訓読会をします。そのようなことを理解して、この家庭盟誓《カヂョンメンセ》が重要であることを知らなければなりません。

ですから、このような名節の式典の場に参席するためには、自分が過去、一週間なら一週間、一年なら一年間のすべてを日記に記録して「○」「×」をつけ、三百六十五日に「○」をつけ得る立場に立って、初めて参席できることを知らなければなりません。そうでなければ、あの国の先祖たちが赦《ゆる》されて無罪になった、その基準に汚点が生じます。汚点が生じるのです。ですから、霊界の先祖たちがそのままにしておきません。ほうり出すのです。霊界のすべてのことを蕩減《とうげん》できる、あらゆる僕《しもべ》暮らしから始めなければならないのです。そのような時代に入っていきます。（二〇〇二・一〇・三）

第四節　三大革命――蕩減《とうげん》革命、良心革命、心情革命

神様に似て、人格革命を完遂する道は、どこから探し出すことができるのでしょうか。人類は、堕落性を受け継いで生まれた堕落の後裔《こうえい》なので、皆様には、真《まこと》の愛の三大革命を完遂して、人格完成を成就しなければならない課題が残っています。それは、蕩減革命、良心革命、心情革命のことをいうのです。

蕩減革命とは、皆様のすべての内的、外的所有権を取り戻すことによって完全に蕩減して勝利し、その蕩減圏を超越する基準を立てなさいという意味です。過去のサタン支配圏時代だった先天時代に習得した、個人、家庭、国家時代圏のすべての習慣と思考までも果敢《かかん》に捨て去る革命を、皆様の生活の中で完遂しなさいという意味です。その土台の上に、新しい「後天時代」の生活座標である絶対価値観的真の愛の理想家庭を実践完成し、永遠に神様の真の幸福の子女として生きなさいということです。

神様の理想家庭での絶対価値観とは、父母、夫婦、子女の三代圏を中心として完成されます。父母が真の愛の主人の立場に立つことができる道は、子女の出生《しゅっしょう》によって完成されるのであり、夫が真の愛の主人になるのも、結婚して妻を迎えるときに初めて可能になるので

す。同じように、兄弟間の関係において、兄を真の愛の主人にしてくれるのは弟なのです。したがって、主体の人は、自分を真の愛の主人の位置に立たせてくれる相対に対して、ために生き、投入し、その投入したことを忘れ、より大きな目的のために犠牲になる生活をしなければなりません。正にここから永遠不変の絶対的価値観が創出されるのです。このような家庭で、父母、夫婦、子女は、三代圏を形成し、お互いが真の愛の主人を完成させてあげるので、永遠の一体圏が定着し、神様と共に永遠に共生、共存する絶対価値観的生活を営むようになるのです。

さらに、皆様のすべての財産や外的所有権も、いったん未練なく天のものとして帰属させ、サタン世界と絶縁させて聖別したのちに、再び天の祝福によって伝授され得る革命的実践過程を通さなければなりません。すなわち、サタンが二度と所有権を主張できない、聖別された財産として天の富を積んでいきなさいということです。

良心革命は何を意味するのでしょうか。それは、良心の声に絶対服従するという内的革命です。皆様の中では、いまだに善を指向する良心の命令と肉身の欲望を追い求める肉心の誘惑が、絶えず葛藤《かっとう》を続けているという事実を否定できないのです。このような恥ずかしい内面の闘いを終息させるためには、良心の位置と作用を明確に知らなければなりません。

良心は、皆様の一挙手一投足を、さらには皆様の考えまでも、一点一画《いっかく》の加減なく把握しています。皆様の先生より先に知っています。皆様の父母よりも先に知っています。神様よりも先に知っています。このような良心の命令に逆らえば、どのような結果を招来するのでしょうか。皆様御自身が呵責《かしゃく》を受けるのです。皆様の霊魂にほこりがつき、あかがついて傷が生じるというのです。この傷は、永遠に消すことができずに、そのまま霊界に抱えていかなければならない恐ろしい荷物です。したがって、革命的な次元で御自身の肉心を抑え、良心の案内を受けて神様の前に出ていくその日まで、天意と一体になる生活、すなわち限りなく明るく純粋な霊魂を保っていくことが至上命令なのです。

皆様、心情革命の意味は何でしょうか。神様は人間を御自身の子女として創造された、とお話ししました。そうだとすれば、神様と皆様をつなぐ綱《つな》とは、どのような綱でしょうか。父母と子女間の真《まこと》の愛であり、真の心情です。父子の間に真の心情が通じなければ、どうして父母と子女の関係において、真の愛と真の尊敬を維持できるでしょうか。

数千年間、堕落圏の影響の中で生きてきた人類は、今も偽りの父母、偽りの愛、偽りの血統の心情的奴隷となっています。この束縛から抜け出すためには、サタンが最も嫌う、許して、与えて、犠牲になる真の愛の生活を絶えず継続しなければなりません。そして、神様の心情的所有権に帰着できなければなりません。

皆様の心情の綱が、いまだにサタン世界の虚栄を追い求める利己的個人主義に結ばれているならば、皆様の将来は暗く、暗澹《あんたん》たる絶望と嘆息の道となるでしょう。しかし、「ために生きる」生活、すなわち他のために先に譲歩し、与える生産的な生活を送れば、皆様の心情の綱は神様の心情と永遠に一つとなるのです。言い換えれば、偽りの父母との心情的因縁を完全に断ち切り、無形の神様の実体として顕現された真の父母様から結婚祝福を受けて接ぎ木され、真の天の愛と血統を確保するのです。(二〇〇四・一二・一三)

天と地と、天宙・天地・天地人父母に代わって、最後の結論として三つの言葉を皆さんに伝授します。世の中には多くの革命や改革がありますが、私たち統一教会の教会員たちは、根本的な革命を主張し、また神様も根本的な革命を主張されるのです。革命です。根本が変わるのです。変遷《へんせん》ではありません。改革ではありません。革命です。

その第一は、私たちの体が問題です。今まで、サタン世界において、体と連結された物質世界の所有権、万物全体がえさにかかった魚と同じになっています。反対されずにこれを和合することができ、本質世界に連結できる革命をどのように提起するかという問題が残っていることを、今まで知りませんでした。

それで、どのような革命をするのかというと、蕩減《とうげん》革命であり、その時代を越えなければならないのです。私の体が先にしなければなりません。先にこの体を中心として、外的な世界、宇宙全体が嘆息圏内にいます。ロマ書（ローマ人への手紙）の第八章を見れば、嘆息しているとあるのです。そのために「アバ、父よ」という養子の立場に行ったのですが、この嘆息圏内から根本的にサタンを除去し、サタンの姿そのものも断ち切ってしまうのが蕩減《とうげん》復帰であり、その蕩減復帰完結のために、蕩減革命の峠を越えなければなりません。

ですから、サタンの体をもって良心に反対する、このようなことがなくなることによって、次に何をするのかというと良心革命です。良心革命は血筋が変わるのです。愛の道、生命の道、血統の道が変わるのです。これは、アダムとエバが堕落しないで成長したのと同じ立場です。アダムとエバの良心は、良心の振る舞いをすることができませんでした。堕落することによって、体に支配され、体に引っ張られていく良心になっているので、皆さんが心情革命の段階に越えていくためには、良心を中心として、サタン世界に関係する一切のものを消化できる革命的な峠を越えなければなりません。第二が、良心革命時代を越えなければなりません。

それから、血筋を中心として、個人的に清め、家庭的に、氏族、民族、国家、天宙的に清めるのです。天国は、祝福の心情圏に一致しなければ、入っていくことができません。良心革命によっていくら一つになったとしても、皆さんが三大心情、四大心情圏を失ってしまった家庭的三代圏を地上に安着させなければ、神様に対する心情、父母に対する心情、夫婦に対する心情、子女に対する心情、一族に対する心情、一国に対する心情、天地に対する心情圏が切れるのです。ですから、心情革命を成して、初めてその上に神の祖国と平和王国時代が到来することを、はっきりと知らなければなりません。

ですから心情革命です。天宙父母、天地父母、天地人父母の立場で、神様が訪ねてこられて相談できる息子、娘の代わりになってこそ、天国の民が始まるのです。皇族が多ければ、兄弟が多ければ、その中心となる兄が王権を受け、それからその四方に家庭的垣根、民族的垣根、国家的垣根ができるのです。そのようにすれば、その王権は保全、保護されるので、誰も侵犯することはできません。神様までもこれを保護され、宇宙が保護するので、ここに侵犯して危害を加えようという考えや姿があってはならず、その影さえもあってはならないことを、きょう新たに決意して帰ってくださることを願います。（二〇〇四・一・四）

真《まこと》の父母の位置は、救世主、メシヤ、再臨主の総体的な使命を背負わなければならない、歴史上、空前絶後の責任をもつ位置です。したがって、いまだに堕落圏に属している人類は、真の父母に侍って天のみ旨を成すにおいて必要な、いくつかの条件があります。

第一に、蕩滅革命を完成しなければなりません。すべてのものを捨てて真の父母に侍り、従っていかなければならないということです。友を捨て、師を捨て、さらに自分の父母までも捨てて真《まこと》の父母に従わなければなりません。このように、すべてのものを天の前に献納する総生畜献納《そうせいちく》の基準を立てた時にこそ、天は再び私たちに祝福と恩寵《おんちょう》を許諾されるのです。それは、サタン世界とのすべての因縁と関係を、一寸の人情ももたずに無慈悲に除去し、完全に零点に戻って天地開闢《かいびゃく》の新しい出発をしなさいという意味です。

第二には、良心革命を完成しなければなりません。すなわち、この世の中のいかなる主権や理念を前にしても、一点一画《いっかく》も加減することなく、神様が賦与してくださった本心の指向性に従い、真の愛、真の生命、真の血統の伝統を守りなさいということです。それは、天の前でも、万物の前でも、一点の恥ずかしさもない正午定着的な生活をしなければならないということです。私たちの生活が、一心、一体、一念、一核の境地に到達し、純潔、純血、純愛性を永遠不変の伝統として安着させて一和統一時代を花咲かせるとき、ついに良心革命は完成するのです。

第三には、心情革命です。神様が訪ねてこられて、すべてのことを共に議論し、共に暮らしたいと思われる真の愛の世界を完成しなければならないのです。言い換えれば、心情革命は、真の愛の革命です。「ために存在する」という万古不変の真の愛の実践を意味するのです。

私たち全員が他のために生きると考えてみてください。真の愛の根源であられる神様が、正に私たちの中にお住まいになり、私たちのために生きられるようになるのです。私たちにとって、これ以上の喜びと栄光がどこにあるでしょうか。心情革命が完成した所では、家庭破綻《はたん》、人種紛争、国境紛争、そして宗教的摩擦のようなサタン世界の残滓《ざんし》（残りかす）は、見いだすことができなくなるのです。永遠の平和王国が建てられるというのです。（二〇〇四・一・二七）

第五節　一心・一体・一念・一核、静性《せいせい》・動性・合性、一和・統一・安着

1　一心

一心になっているのは、私たちではなく神様です。神様は、心と体が闘いますか、闘いませんか。神様は、心と体が闘わず、神様の思想は行ったり来たりしません。一つになっています。ですから、一心一体一念です。それを神様の側から見れば、三つが蘇生《そせい》、長成、完成でなければならないのですが、三数を代表して「一心定着」と言うのです。(二〇〇二・六・一二)

一心は、どこから得なければならないのでしょうか。神様の心から得なければなりません。だとすれば、自分が天の側にいるのかいないのか、これが問題です。神様の愛と近い所はどこでしょうか。それが漠然としているのです。それでは、それは何によって知ることができるのでしょうか。不幸な子女をより心配するのが父母の愛です。そのような父母の心配を知って、父母の代わりに弟たちを心配する長子ならば、「彼はアベルだ」と言うことができま

す。キリスト教は、このようなものをもっていたので、長子の特権を受け継いできたのです。愛の世界においては、長子の主権をもって、初めて主人になることができ、新しい世界を創建することができるのです。

ですから、統一教会が滅ぶまいとすれば、自分たちだけを愛するのではいけません。怨《おん》讐《しゅう》の世界を越えて、身の不自由な、死の交差点にいる不幸な人たちを、私たち教会員よりも愛するために身もだえし、すべての精力をそこに投入する運動をするとき、統一教会は滅びないのです。そのような人が一人もいなければ滅びますが、そのような人が二人だけでもいれば滅びません。これが必ず民族を取り戻すことができる道です。ですから、先生は、長年そのように皆さんを指導してきたのです。もちろん、ここには傷ついた人もいて、疲労困憊《こんぱい》の人もいるでしょう。しかし、それが問題ではありません。それを乗り越えて民族を抱き、より愛することができる心の方向をもつ人がいれば、彼を通して歴史は発展するのです。ですから、一心は、父母の心をたどって一心にならなければなりません。（二八―一七五）

一心は、どこから始まるのですか。一心は、心から始まるのです。ここには血と肉が連結されます。父母が悲しめば、子女が悲しむのです。そうではないですか。父母が悲しんでいるのに、「父母が過ちを犯したからだろう」と言う子女は、子女とは言えません。また、子女が過ちを犯して罰を受けるとき、「こいつ、それだけで済めば良いほうだ」と言う父母は、父母の資格がありません。愛の心が先立って愛を与えようとせずに、怨恨《えんこん》の心でそのように言うのは、父母の心ではありません。（二八—一七七）

一心になろうとすれば、一つは上にあり、もう一つは下にあるという状況ではできません。父が上にいて息子、娘は下にいる、それでは一心になれないのです。同等な立場で平面的に位置していてこそ、一心になれるのです。内的・外的関係が平面線上の位置に立って、初めて一心になるのです。夫婦も同じです。横的関係において内外関係、前後関係の位置に立ってこそ一心になるのであって、上下関係では絶対に一心になれません。（四一—三〇）

2　一体

愛なくして、一体という言葉はあり得ません。愛が原因なのです。私たちは、腹中で父母の愛を受けました。愛の本質によって自分が腹中に宿るようになったその時から、父母の愛とすべての関心が集中するようになっています。なぜでしょうか。愛の結実だからです。そして、愛で生まれ、愛で命の因縁を受け継ぎ、愛を受けながら成長し、相対を迎えることができるときになれば、相対を迎えて一つになるのです。（二二七—〇一三）

「君師父一体」《くんしふ》という言葉や、「夫婦一身」という言葉は、何を中心として言う言葉でしょうか。それは愛です。「父子の関係は一体だ」と言いますが、何を中心としてそのように言うのですか。それは、すべて愛を中心として一体になれるということなのです。その一体というのは、縦的な愛に固定され、横的な愛に固定されていれば、それは、いつも理想的愛によって天運を受け継ぐことができるのです。その天運がそれを保護します。（一八〇―一九七）

今、霊界に行っても神様は見えません。すべてが完成し、天上世界完成、地上天国完成がすべて成し遂げられるようになれば、神様が形状をもたれるのです。それは愛を中心として可能です。アダム家庭において、体と愛が一つになっていれば、神様も性相と形状を両方もつことができるので、体をもつことができるのです。それは、愛でなければできません。一体という言葉がそこから出てくるのです。（二九四―三一六）

３　一念

神様の心の中には一つの心しかありませんでした。一つの心と一つの体です。それから、一つの思想です。一心、一体、一念で天地の万物をつくられたのですが、誰のために天地、万物をつくられたのかというと、人間のためにつくられたのです。ですから、神様の心に似ることができる孝子、一つの心に似ることができる一つの国の忠臣、神様の世界において神様の心に似ることができる聖人、天宙において、神様の心に似ることができる聖子《せいし》、その道理を結実することができる、このような地上の主人にならなければならない、ということが歴史的総結論です。

真《まこと》の愛を中心とする一心、一体、一念は、相対世界に対して、相対世界のために投入して投入しようという「一心の心、一体の体」思想だというのです。いつでも父母の立場で主体となる者は、歴史を超越し、千年、万年運動し、その世界を越えても、一心、一体、一念的愛を与えて余りあるのです。どこでも角度を越えて平準化し得る球形になり、どのような球形でも備えられる価値をもって誇れる、そのような存在世界の主人にならなければならないものとは、個人ではなく家庭なのです。

一念というものは思想ですが、「きょう」の「心」ということです。それが一念です。思想は、個人の人生観から家庭、氏族、宇宙全体までと複雑ですが、一心、一体、一念というのは、私の家庭を中心とする「きょう」の「心」です。一心の心、一体の心、一念の心が一つとなり、上下関係において主人の前に主体あるいは対象となり、左右関係において夫の前に主体あるいは対象となり、前後関係において兄の前に主体でなければ対象となるのです。

これが中心の核となり、その価値の内容が三六〇度の世界に拡張して対等なものとなり、自由に成長するのです。主体が対象を創造し、完全な対象は主体を創造するという原理を知れば、それに合わせ得る実力をもたなければなりません。

心と体が一つになって一心一体となり、そして思想が統一されて、愛の公式的な伝統を立てることができるようにならなければなりません。それが一念だというのです。一心、一体、一念の心は、家庭が永遠に定着することによって、それが根本となり、すべての起源となるのです。ですから、息子、娘を中心として氏族編成、民族、国家、世界、天宙まで、すべて同じ一心、一体、一念です。木でいえば、すべて異なる細胞なのですが、根の細胞も同じであり、芽の細胞も同じであり、枝の細胞も同じであり、葉の細胞もすべて同じです。そのような皆さんになり、家庭定着から善なる先祖の母とならなければならず、夫婦になり、子女を生んで父母の位置に立ち、後代に対して家庭拡大のモデル型となることによって、そこに愛が実体的に定着できる最初の起源を植えつけることができるのです。

神様と同じ一心、一体、一念さえもてば、神様の息子、娘として、百点を与えられることは一〇〇パーセント間違いありません。万国をそのようにすることができる息子、娘が天の国の王子、王女なので、その法に従って繁殖する皇族圏も、そこですべてパスすることができるのです。そして、その国の未来の子孫までもそれに従う手本になっているので、私は、喜びと栄光の象徴として神様の前に報告され、相続を受けて解放の主人として永遠無窮に暮らすことができるのです。（二〇〇二・一〇・三）

4　一核

大宇宙を創造するために構想を立てられる神様は、誰よりも欲心の多い方であり、できないことがないお方です。考えれば、直接つくることができるのです。ですから、最高の理想的な主体が神様であられるのです。それで、ここで静的な神様から動的な世界に移らなければなりません。二性性相の中和的存在は、形態のない無形の存在であり、男性格主体であると同時に体をもった中心、大宇宙の中心です。霊的にも中心になっていますが、実体としても大宇宙の中心存在にならなければならないのです。そのように考えるので、心と体が一つにならなければならず、一心、一体となり一念です。そして考えも一つになったところにおいて核にならなければなりません。核です。一心、一体、一念、一核です。それは、核だけ動けば、すべてが移動していくのです。それは愛のことです。（二〇〇三・一〇・二五）

自分の父と母、一族が滅んでいくのに、夜寝ることもできずに身もだえする心情になっていますか。このような問題を解決する起点をつかみ、自分が核の位置に立つことができなければなりません。縦と横が一つの「一核」にならなければなりません。丸くなってどこにでも立たなければならないのです。核になれば、丸いボールと同じです。ボールはどこでも九〇度です。水平と九〇度です。原則を知ったならば、そのとおりに生きなければなりません。（二〇〇三・八・二〇）

皆さんは、孝子、忠臣、聖人の志操を備えた家庭の道理を完成するようになっています。家庭盟誓《カヂョンメンセ》の八節には、「解放圏と釈放圏」とあります。その次に、今の復権時代においては、天の国を中心として、絶対信仰、絶対愛、絶対服従の上で万物が一体となるのです。一つの骨髄として、神様を中心として真《まこと》の父母が行くところに対して、一八〇度回れば一八〇度回り、反対に回れば反対に回ることができる一心、一体、一念、一核にならなければなりません。核が残っている限り、相対となる所は、どの形でも同じ影になり、同じ実体になるのです。核が存在圏であることを知らなければなりません。（二〇〇四・一〇・三）

５　静性・動性・合性

すべての宇宙は、静と動が和合して生成するようになっています。静的な時代があるのです。静的な時代を男性で説明するならば、皆さんは愛をもっていて、生命をもっていて、血筋をもっていますが、独りでいるときは感じることができません。愛を見ましたか。愛に触ることができますか。分からないのです。生命を見たことはありません。生命を感じることはできないのです。血統もありますが、それを感じることができません。感じることができないからといって、ないのではありません。それが静的時代です。

静的時代においては、それ自体で円満に存在できますが、相対的世界はありません。それ自体で、そのまま存続します。ですから、衝撃を感じることができません。それ自体でバランスが取れているのです。一つになっているので感じることができません。なぜ感じることができないのかというと、それ自体の中で主体と対象の関係が一つになっているからです。ですから、二重的な存在性を認めなければなりません。

静的分野に静があり、動的分野に動があるという概念がそこから出てくるのです。それ自体内に、動静を中心として存続できるそれぞれの個体があるのです。そのような意味から統一教会がいう「個性真理体」という言葉が出てきます。すべての存在には、静的な存在時代と動的な存在時代があるのですが、内的な静的時代においては、プラスとマイナスが一つになってバランスを取っています。ですから、静的な循環運動を通してバランスが取れているので、感じることができないのです。それで、静的な力だけでは駄目なので、動的な対象を立てることによって、万物の創造が始まるのです。（二七九―六五）

安定と停止と運動を考えるとき、最初に運動から始まったのでしょうか、停止から始まったのでしょうか。これが問題です。それは停止から出発するというのです。突然始まるのではありません。少しずつ、少しずつ、だんだんと大きくなっていくのです。大きくなれば、また少しずつ、少しずつ小さくなっていきます。このように、すべてのものは静から動になるのです。（一二九―一二三）

私たちの心自体が完全なマイナスになれば、完全なプラスがなければなりません。つまり、私たちの心が完全なマイナスになれば、完全なプラスを掌握することができるのです。座禅をするのも、そのような境地を追求するためです。すなわち、座禅を通して完全な無の世界に到達し、水平線のように静的な境地から新しく出発するためなのです。それも必要なことです。新しい動的な起源、汚れていない純粋な本来の心の根本に接して入っていき、一つの鼓動から出発することも必要です。その一つの鼓動が、新しい出発の起源になるようにすることも必要なのです。（三三二―三四）

待ち続けて骨髄に徹するその一日に出会うようになるとき、思わず叫ぶ「万歳」の声に、寝ていたすべての万物が、解放の痛みを感じながら続いて「万歳」と叫ぶことができてこそ、堕落した恨《ハン》の殻を脱ぎ捨て、肉を剝《は》ぎ取り、骨を削ってしまい、骨髄までも新しい神様の愛の骨髄で満たすことができるのです。そして、骨も神様の愛の骨となり、肉も神様の愛の肉となり、家族までも神様の愛で満たされた一体圏に立つのです。その次に、一心、一体、一念、一核を中心として性です。静性、動性、合性です。そのようにして、一和統一安着時代に越えていくのです。ですから、天宙・天地・天地人父母です。実体をもって完成した神様の息子、娘となることによって、神様が霊的、内的な天宙的父母、天地的父母、天地人父母、三大父母基準の実体をもつのです。そして、寝室が、夫と妻によって神様の愛が展開する驚くべき場にならなければなりません。これが愛の花であり、愛の香りが貯蔵される合宮《ごうきゅう》(注：夫婦関係のこと)の場なのです。そのような愛の香りと愛の蜜《みつ》を入れる器であり、宝の入れ物だというのです。

妻がもつその生殖器、男性がもつその生殖器を、誰も思いどおりにすることはできません。ですから、寝ても覚めても放さずに、握って保護することを自覚する相対となり、夫と妻になり、それを息子、娘に伝統として委譲してからあの国に行かなければ、行く道がふさがってしまいます。(二〇〇四・一〇・三)

神様は、属性を中心として絶対、唯一、不変、永遠だとしても、相対者がいません。ですから、その次に、神様の一心、一体、一念、一核を中心として、静的な性だけでなく動的な性を願うので、衝動を起こして実体に移されるのです。そして、静性安着時代を経て、初めて一和が展開し、そこで統一が展開し、ばらばらにならないのです。ですから、静だけでなく動的なものにもならなければなりません。

夫婦同士でも、別れているほど慕わしくなるでしょう？　一緒に暮らしているときは、一言言っても腹を立てていましたが、たった一人しかいないので、十年別れていても、千年別れていても、慕わしさが千年を一度に越えるというのです。

ですから、結婚して七年に一度は、何カ月ずつ、妻と別れて暮らしてみなければなりません。統一教会は、伝道という公的目的を立ててそのようなことをしているのです。別れて暮らしてみなければなりません。父母もそうです。そのような訓練が必要です。（二〇〇三・八・二〇）

6　一和・統一・安着

「一和」というのは、「成和」の意味と「統一」の意味が連結したものです。（二五三―一二九）

家庭を形成するすべてのメンバーは、個性完成を成さなければなりません。堕落によって選択の余地なく相続した堕落性を脱ぎ、自らの人格を完成しなければなりません。すなわち、心と体の葛藤《かっとう》と闘争を完全に克服して勝利し、一心、一体、一念の境地となり、その人格完成によって完全一和の世界が実を結ばなければならないのです。このような境地に到達した人には、ねたみ、嫉妬《しっと》、欲心、憎悪など、すべての悪の要因となる堕落性は二度と根を下ろすことができません。（二〇〇四・三・二三）

「家和万事成《いえわしてばんじなる》（注：家庭が一つになれば万事うまくいくこと）」という言葉があります。「いえわして」の「わして」はどのような字ですか。化学の「化」という字は、本質が変わっていきながら和合することです。しかし、一和という言葉の「和」は、本質が変わっていきながら和合するのではありません（注：「化」と「和」は韓国語で発音が同じ）。男性なら男性が、女性なら女性が、変わらずに和合するのです。どちらが貴いかというと、本質が変わって和合するよりも、そのまま和合することが貴いのです。

男性と女性が一つになれば、それも和です。その次には、大人と子供が一つになれば、それも和です。老若男女、男性女性、前後、左右、上下を問わず、和するものはすべて「万事成」です。それはなぜでしょうか。理想的存在基準になるからです。すべてのものがそれを支持して一つになろうとします。それを中心として一つになろうとするので、「万事成」という言葉も出てくるのです。（一七三―二四一）

「一和」の内容を知らなければなりません。「一」という字に「和」と書きますが、「化」ではなく「和」という字なのは、皆さんそれぞれ個性が違いますが、個性が違う人たちが一つになるのと同じように、個性が違う民族、個性が違う国家が一つにならなければならないという意味が内包されているのです。ここに統一的な理念が入っていることを皆さんは知っておかなければなりません。（六八―二三二）

天地父母の理想は、自由理想、平和理想、統一理想、幸福理想を備えて天一国《てんいちこく》を安着させなければならないということであり、安着するというのは、定着して生活が始まるということです。（二〇〇二・一・一）

「安着」とは何でしょうか。神様に侍り、真《まこと》の父母に侍って暮らすことです。今まで侍って暮らしてみたことがありません。皆さんの家庭に、初めてこのことが起きるのです。これ

が最大の祝福です。（二五三―二八一）

安着はどこでするのでしょうか。中心に来て安着するのです。どこでもできるのではありません。中心の位置です。アダム家庭に安着できる真《まこと》の父母の位置が世界の中心です。世界で起きるのではなく、中心に合わせてそこで安着し、再びこれを横的に家庭から氏族、民族へと編成していくのです。（二六〇―一八一）

今の時は、真の父母と成約時代の安着が起きる時です。安着はどこからするのかというと、家です。定着基盤は家庭です。その基盤を築くことができなければ、氏族基盤ができません。国家と世界のセンターが家庭なのです。ですから、この家庭の動静は全体を代表している、という信念をもたなければなりません。（二六二―二八八）

皆さんは、祝福を受けた新しい家庭の先祖として、純潔、純血、純愛の血統を残すために、すべての精誠を尽くさなければなりません。その峠を越えるために、百回、千回死んでも、死ぬ前に皆さんには完結すべき家庭的責任があるのです。ですから、常に一心、一体、一念の精神でその道を行かなければなりません。何よりも神様が深刻だったのであり、統一教会を立てたレバレンド・ムーンが深刻な立場に立ち、その原則の道理と軌道をつくっておいたので、好むと好まざるとにかかわらず、皆さんも最善を尽くして走っていってこそ、その道の目的地に到達できるのです。

新しい天国理念の時代が訪れ、皆さん自身と皆さんの祝福家庭の上に国家形態を立て得る新しい時代が来た以上、徹底して整備し、警戒する心をもたなければなりません。天の創造理想的目的を果たすのに不足のない天の王子・王女家庭にならなければならないのです。そして、勝利の基盤を相続し、神様に侍って暮らしながら、地上と天上で万年太平聖代の一つの国、一つの文化、一つの世界を成し、一つの兄弟、一つの家庭を拡大した家庭圏に帰っていかなければならないのが統一教会の全体目的であることを、はっきりと知らなければなりません。（二〇〇三・八・一五）

純潔、純血、純愛性です！　性だというのです。凸凹《でこぼこ》は性でしょう？　家庭は、凸凹がなければつくることができないので、純潔、純血、純愛性です。男性の性を女性の性に変えることはできず、女性の性を男性の性に変えることはできません。永遠にそのままです。それはどういうことかというと、男性がもっているものは永遠に女性のものであり、女性がもっているものは永遠に男性のものです。自分のものではありません。

男性がいなければ、女性が生まれる必要がありません。女性を造る前に男性を先有条件《せんゆう》（注：先に有る条件）としたのです。男性のために女性を造ったのです。また、女性のために男性を造ったのです。相対のために生まれたというこの事実を否定することはできません。ですから、宇宙の根本は性です。性です！　性がなければ愛が成立しません。鉱物世界も植物世界も動物世界も、すべてペアになっています。二億五千万年、あるいは四億何千万年の歴史を経た今でも生き残っているのは、雄と雌の性関係を中心として共生の結実を残してきたからであって、そうでなければ一代ですべて終わるのです。

性の法度《はっと》を守ることができない者たちは消えていきます。地獄に行って、いなくなるのです。ですから、神様の祖国を宣布できるのも、性の伝統を一〇〇パーセント間違いなく立て得る内容を教えたからです。（二〇〇四・一・一）

女性がカイン・アベルを間違って生むことによって、長子が次子を殺すという悲惨な歴史が起きたのです。一代圏内にそのようなことが起きたことが恨《ハン》です。母親たちはそれを知って、息子、娘たちに教えてあげなければなりません。フリーセックスで乱交する世の中にいるのですから、神様のアダムとエバよりもっと徹底しなければなりません！　アダムとエバは十六歳まで純潔で育ちましたが、私たち統一教会では、十六歳、二十歳、三十歳になっても純潔を守るのです。アダムとエバよりも優れていなければならないのです。純潔を守って純潔な血統です！　純潔、純血、その次に純愛家庭をつくらなければなりません。そのような家庭になっていますか。（二〇〇三・三・一〇）

二〇〇一年一月十三日を中心として、天一国《てんいちこく》一年、二年、三年に、天一国開門祝福聖婚式をしました。祝福聖婚式をしたので、天一国家庭において、真《まこと》の父母が王の位置に立つことができるのです。それで、天宙・天地父母が四位《よんい》基台を備え得る位置に立って天国に入っていけることにより、天国が開いて心情的一体圏ができるのです。言い換えれば、絶対愛、絶対生命、絶対血統を備えて生殖器が一つになり、静性安着一和統一時代を成すようになるのです。

天一国は、神様を中心として一代、二代、三代圏が一体にならなければなりません。皆さんが一代になるためには、真の父母を中心として、三代圏が堕落しないようにして、皆さんが地上の父母の位置で、縦横の九〇度を中心として創造的な三代圏を備えなければなりません。そして、男女の生殖器、愛と生命と血統の王国が壊れてしまい、十官を中心として保護すべき真の愛、真の生命、真の血統の道が壊れてしまったので、生殖器を整理して堕落していない基準にまで聖化させ、神様をお迎えしなければなりません。（二〇〇三・二二・二二）

純潔と純血と純愛性安着時代です！　私たちには純潔本部がありますが、今日の世界のどこに純潔がありますか。ソドムとゴモラが滅亡するようになったのは何のためですか。淫乱《いんらん》の国になったので燃えてしまったのですが、それと同じようになるというのです。ですから、家を出なさいと命令したのに、ロトの妻が住んでいた所を振り返って塩の柱になり、万世の悲しみの悲惨な標本になったことを忘却してはいけません。皆さんも同じです。そのような時代にいるのです。ですから、結婚する前は純潔です！　結婚したあとにも純潔を守る、と同時に純血です。血筋が清くなければなりません。皆さんが生きている間に三代圏、四代圏まで一緒に暮らしますが、祖父母、父母、自分たちを中心として自分たちの息子、娘まで、四代まで分別して純潔を守らなければならない責任があるのです。ですから、祝福を完了させなければなりません。（二〇〇四・一・一）

第六節　三大原則――絶対信仰、絶対愛、絶対服従

１　絶対信仰

アダムの堕落はどのようにして起きたのでしょうか。不信して堕落したのです。不信が第一の原因です。その次は、自己主張から堕落しました。自分を中心としたのです。自分を中心とした立場で堕落しました。その次には、自分を中心とする愛圏を要求したのです。これが堕落の三大要素です。不信、その次には自己主張、自分を中心とすること、その次には、自分を中心とする愛圏を夢見ること、これがサタンの足場です。堕落した天使がそのようになったのです。

それでは、これを蕩滅《とうげん》復帰しようとすれば、どのようにしなければなりませんか。反対にしなければなりません。絶対信仰です！　それで絶対信仰が出てくるのです。人類の始祖が不信で堕落したので、これを踏み越えて上がっていかなければなりません。先祖が堕落したその線以上に上がっていかなければならないのです。

では、絶対信仰とはどういうことでしょうか。死ぬまで、死んでも行こうとすることです。死んでもその道を行こうとすることであり、死んで倒れるとしても、横に倒れるのではなく

前に倒れようとするのです。（一二六—三四）

絶対信仰には絶対愛を扶植《ふしょく》することができます。皆さんが結婚すればそうでしょう？「自分をどれくらい信じるのか、絶対的に信じるのか」と言うのではないですか。絶対信仰には絶対愛がついてくるのです。ですから、絶対信仰は愛を取り戻すためです。（二九五—一四七）

絶対信仰とは何でしょうか。自分が信じているある宗教の指導者がいるとすれば、その指導者と自分は、歴史的に数千年という遠い距離を置いていますが、信じる心を中心とすれば、彼と平面的に対等な時代圏内に入って立つことができます。ですから、絶対的に信じなさいというのです。絶対的に信じるとき、その人と一緒にいることが分かるようになるのです。また、その人と一緒に暮らしていることが分かるようになります。このようなことを、新たに認識させ、刺激させるためのものが信仰であることを知らなければなりません。（三二一—一六二）

2　絶対愛

絶対愛は、絶対的に「ために生きる」所にあります。絶対無になる所に絶対愛が訪れて宿ることができるのであって、自分の素性《そせい》や、自分の概念や、観念がある所には宿ることができないのです。それを除いておかなければ、絶対愛が自分に訪れないことを知らなければなりません。自己主張する女性や自己主張する夫たちには、争いの世界や闘争の歴史がついてくるのです。（二八四―一九六）

心と体が一つになることが最も重要です。これができなければ、すべて崩れていきます。それでは、何を中心として一つになるのでしょうか。絶対愛を中心として一つになるのです。神様の絶対愛を中心として一つになるのです。絶対愛とは真《まこと》の愛です。真の愛を中心として心と体が一つにならなければならないのです。そして、「私は、真の愛と一つになった体をもった」と言えなければなりません。（二九二―二七三）

絶対愛は、相対を絶対視する所で成立するのです。その場で、男性が女性を絶対的に愛し得る主人になり、女性が絶対的な愛の主人になるのです。ですから、その愛の主人は、自分によって見いだされるのではなく、相対によって見いだされることを、はっきりと知らなければなりません。（三〇一―七四）

絶対愛は、どこで探し出すことができるのでしょうか。絶対生殖器から絶対愛がつくられるのです。それがなければ、絶対愛を探し出すことはできません。キスすること、見ること、聞くこと、触れることから絶対愛が見いだされるのではありません。（二七九―二二〇）

神様も理想世界を成し遂げるためには、相対がいなければなりません。絶対愛、唯一愛、不変の愛、永遠の愛は、一人ではできないのです。相対が必要であり、その相対が最高の相対になるので、神様も絶対に信じるのです。絶対信仰です。願って侍るのです。信仰するというのです。誰をですか。相対をです。男性は女性を、骨は肉を、そのような高い絶対信仰をするのです。絶対信仰と絶対愛です！

絶対信仰と絶対愛は、ただそのまま出てくることはできません。神様の属性の根本は、絶対愛、唯一愛、不変の愛です。神様は、そのような本体なので、本体に与え得る相対がそのまま出てくることはできないのです。ですから、動機となった神様御自身が、無形の神様が投入しなければなりません。投入することによって相対が出てきました。鉱物時代、植物時代、動物時代、そして人間世界、天の世界、これがすべて一つになり、無限の神様がこの宇宙を主管できるのです。人類が千年、万年繁殖しても大丈夫なほど膨大な宇宙です。

宇宙は、太陽系の千億倍以上になるというのですが、それ以上です。そのような無限の空間世界、無限にいくらでも拡大できる理想圏をつくろうというのです。それで、高次的な愛の投入を今でもしていらっしゃるのです。先生は、神様が協助できる思想が途絶えなかったので、属性的絶対愛を中心として、相対を再創造する努力を続けているのです。（二〇〇三・五・二二）

３　絶対服従

絶対服従とは、常に自分の観念がない立場です。存在しているという観念もありません。すべてのものを投入して、忘れるからです。無限の低気圧によって無限の高気圧が生じるようになっています。絶対無限の低気圧と高気圧が垂直の所に来るのです。そこで自然と一つになります。偉大な力がそこに生まれるのです。絶対投入して忘れることによって、無限の力が存続し始めます。それはなぜかというと、投入して忘れるという観念には、投入して忘れる神様の愛の心情が連結されるからです。ですから、宇宙は消耗しないのです。

真《まこと》の愛が行く道は、消耗という負荷がかかって小さくなるということはありません。投入した以上のものを投入しようという観念の世界が永遠に運動するので、その中には、自分の消耗現象というものがありません。真の愛の世界は、力が作用すればするほど拡大します。（二八九―九六）

「絶対服従」という言葉の意味の中には、自分の意識がありません。意識がある限り、それは従順です。服従とは、意識がないのです。神様が創造されるとき、神様御自身が存在意識を忘れてしまわれ、絶対無の立場で、絶対真空の立場で投入されたので、絶対高気圧圏の愛の相対を探し出すことができると考えるのです。それは理論的です。（二七三―二九七）

神様は私と同じように考えをもっていますが、その考えが大きいのです。愛もありますが、その愛が大きいのです。大きなもののために生きるものを「主体」といいます。ところが、堕落した私たちは、小さな私を中心として「主体」と言っているのです。これは相いれません。

それで堕落した人間には絶対服従という命題を掲げるのです。神様は絶対的に大きな主体ですが、小さな主体がプラスとプラスで反発するのです。ですから、絶対主体であられる神様の前に完全否定していきなさい、マイナスになりなさい、このような意味の服従です。完全にマイナスになれば、一瞬のうちにプラスにぴたっとくっつくのです。それが天地の道理です。（二二七―二六四）

4　三大原則

絶対信仰がない所には絶対愛が始まりません。絶対愛を始めようとすれば、絶対投入した上で展開するのであって、投入していない所では展開することができません。投入して忘れ、忘れてこそ無限の境地に連結することができ、神側の根源に連結されるのであって、自分に根源ができれば終わってしまうのです。そこから絶対信仰、絶対愛、絶対服従をしなければなりません。堕落した人間は、自分のすべての意識をなくしなさいというのです。神様の代わりに再創造するために、絶対服従するために絶対投入です。このようにして何になるのですか。主人になるのです。何の主人ですか。神様の相対的主人です。そうではないですか。人間自体が主人になるのです。神様の動的な核が移されて主体になるのです。（二〇〇三・八・二〇）

神様の愛の相対である鉱物も、未来の愛の妻となる体を創造するための原資材です。ですから、鉱物世界のプラスイオンとマイナスイオンの世界をつくるとき、神様が絶対信仰をもってつくりました。絶対信仰、絶対愛をもってつくったのです。絶対信仰、絶対愛、それから絶対服従です。絶対服従とは、人間世界なので服従です。神様にとっては、絶対投入です。

投入して忘れるのです。投入して忘れてしまう所では、和合が起きます。一和です。ですから、絶対信仰、絶対愛、絶対投入、絶対一和です。ここで初めて統一が出てきます。(二〇〇三・七・一三)

完全に生まれ変わった新しい人になるためには、神様を中心として絶対信仰、絶対愛、絶対服従を実践しなければなりません。私もやはり、生涯を通してこれを実践してきました。神様は、宇宙を創造されるとき、絶対信仰をもって造られました。さらに神様は、私たち人間を愛の絶対的パートナーとして造られたのです。そして絶対服従とは、自分自身までもすべてなくして完全投入することを意味します。このように投入して忘れ、投入して忘れ、ついには自己概念までもすべてなくなるゼロ・ポイントに進入するのです。

愛を否定されてももっと愛し、投入してももっと投入してこそ、怨讐《おんしゅう》を真《まこと》の愛で自然屈服させる位置まで行くようになるのです。神様がそのような道を歩んでこられ、天地父母がそのような道を歩んでこられたのです。

投入して忘れ、投入して忘れることを継続する人が中心者となり、全体相続者となり、孝子の中の孝子になります。家庭の中におじいさんやおばあさんなど、十人の家族が暮らしていたとしても、一番「ために生きる」人が家庭の中心になるのです。国においての愛国者も

同様です。投入して忘れるほど、忠臣、聖人、さらに聖子《せいし》として決定されるのです。（二〇〇二・二・二）

先生が家庭を編成し、神様を中心として、心の世界の相対的平面を中心として一つになっているのです。そこに皆さんが一つにならなければなりません。そのようにしようとすれば、家庭的に絶対信仰、絶対愛、絶対服従するのです。今が国家時代ならば、国家を基準として絶対信仰、絶対愛、絶対服従です。国家において相対基準にならなければなりません。神様が創造された万物には自分というコンセプトはありません。日本ならば、日本という言葉や、日本語や日本の名前というものはありません。完全に無です。絶対信仰です。絶対信仰には、自分なりの信仰的内容があってはなりません。そして、絶対愛です。愛することにおいては他の何もありません。愛国心も何もありません。サタンの痕跡《こんせき》が残っていてはならないのです。（二〇〇〇・八・三一）

蕩減《とうげん》条件を撤廃させ得る福のある内容をもった三大格言とは何かというと、絶対信仰、絶対愛、絶対服従なのです。神様御自身も天地を創造される時に、絶対信仰をおもちでした。「私が言えば絶対的に成される」ということです。「そのできた万物は流れていくのではなく、永遠に愛の相対物として残る」と、このような絶対信仰、絶対愛の心をもって創造されたのです。

その次に、絶対服従とは、神様御自身が存在意識までもすべてなくなった位置です。自分という意識がありません。愛の相対は自分よりも価値があるということを知っていて、何千万倍素晴らしくなることを願うので、一〇〇パーセント投入しても何千万倍投入したいと思う心があるのです。それは絶対信仰、絶対服従です。服従には、自分という意識概念はありません。

天下が否定したとしても、神様が否定したとしても、「私の父と母はこうです」、「私の母は、おじいさんやおばあさんを愛し、絶対信仰しました。曾《そう》祖父も曾祖母も愛しました。四代です。絶対信仰、絶対服従してきました」と言えば、神様が何だかんだと言われるでしょうか。（二〇〇〇・八・三二）

アダムとエバが神様に対して絶対信仰と絶対愛の基準をもつことができず、絶対服従することができなかったので、すべての宗教が絶対信仰、絶対愛の基準を立て、真《まこと》の父母を中心として祝福をすれば、万国を平準化させることができるのです。そのような時代が来たので、真の父母という名前をもっているか、真の父母と関係している人々がいる環境で、絶対に信じ、絶対に愛し、絶対に順応することができる道理が展開すれば、いくら遠くても、千年史の核となったこの基準が、中心から延長し、最果ての人まで通じることができるのです。ここから果てまで行ってこそ、帰ってくることができます。

このようになることによって、祝福の恵沢が水のように万国全体に流れて平準化されるのです。地上と天上世界に平準化水平世界が到来し、天上と地上が真の父母を中心として水平となり、その水平線において同志をつくることができる時代に入ってきたことを知らなければなりません。（二〇〇一・一・二）

今からは、いい加減に生きてはいけません。父母様が願って、地上でこのような転換の日を定めました。それは、天一国《てんいちこく》の新しい出発を天地と共に出発する記念日です。歴史の新しい憲法を中心として、部署別の法を中心として、規範を通して行けるその代表的定着基盤が家庭です。国でもなく、氏族でもないのです。私たちの家庭から出発するのです。「絶対信仰、絶対愛、絶対服従して、神様の全体、全般、全権、全能の世界の前に恥ずかしくない家庭を今からお捧げするために、私は出発します」と、このような心の姿勢をもってすべての行動をしなければなりません。（二〇〇二・一〇・三）

ノアは、民族的な環境に身を置いていましたが、そこに属することを願わず、国に属していましたが、その国にとらわれず、自分の希望の国を求めていきました。希望の国を探し立てるために、彼は、あらゆる試練と逆境を経ていかなければならなかったのです。ノアには親戚《しんせき》もいて、民族もいましたが、それよりも神様のみ旨の国を追求していった人です。ノアに願われた神様の希望は、理想の国と理想の義を求めて個人的環境を屈服させていくことでした。彼が春夏秋冬、一日も休まずに百二十年の試練の過程を越えるその苦衷《くちゅう》は、どれほどのものだったでしょうか。家庭までも彼を捨てましたが、ノアは、どのような矢でも、すべて受け止めて百二十年を切り開いていきました。その国とその義を求めることをせずにただ生きていけば、自分とその子孫たちまでが、すべて蕩減《とうげん》を受けなければならないという原則をノアはよく知っていたのです。

神様は、アブラハムとサラを立てて、住み慣れた地を離れるようにしました。彼らは、自分たちがどこに行くのかを知らずに、無条件に信じて、順従な心をもって出発していきました。神様は、絶対信仰、絶対愛、絶対服従を願われたのです。サラは、王に連れていかれても、アブラハムを決して恨みませんでした。このように、希望の国に向かっていく彼らの心は、いくら激しい迫害に追い込まれても変わらなかったのです。

ヤコブには、自分に与えられた祝福には希望の国と民族が約束されているという信念があったので、誰もその強い信念を曲げることができませんでした。このようにみ旨は、個人、家庭、氏族へと広がり、預言者たちは、次第に世界的な希望を成すために歩んでいくようになったのです。（二〇〇三・二・五）

絶対信仰の先祖を立てなければなりません。それは誰ですか。アブラハムを信仰の先祖と言いました。それは旧約時代です。イエス様は愛の先祖です。絶対信仰、絶対愛、絶対服従において、アブラハムは、信仰の先祖であり旧約時代です。イエス様は、愛の先祖であり新約時代です。再臨主は、絶対服従の主人です。それを知らなければなりません。天が提示されることに対しては、異議がありません。反対したことはありません。神様が命令されれば、自分が描いていた未来を自ら壊してしまい、その命令されたことを実行するときには、何千年の歴史を跳び越えるようなこともしてきたのです。

絶対信仰、絶対愛、絶対服従は、旧約時代、新約時代、成約時代を表象した根源的な言葉なので、神様が創造された被造世界全体の中で、どのような小さな存在でも、絶対信仰、絶対愛、絶対服従の上に存在するのです。これは驚くべき話です。ですから、成約時代に来て、絶対信仰、絶対愛、絶対服従しない人は、その人自体、その家庭自体が悪くなって消えていく群れです。地獄で水のように流れていってしまう群れです。（二〇〇四・一〇・一四）

夫婦は、お互いが一生の間、大きくなっていくためにいるのです。お互いがです。そこには、絶対信仰、絶対愛があり、投入して忘れるのです。自己主張すれば争いが起きます。そして、誰かがそのことに責任をもたなければなりません。主体が責任をもたなければならないのです。

中心存在は、全体の中心に対する環境に責任をもたなければならず、それを保護しなければなりません。自分が犠牲になっても、それを残してから逝かなければならないのです。自分が死んでも、プラスにさせてから逝かなければなりません。保護だけではなく、育成しなければなりません。教育して育てていける道を開いてあげなければならないのです。

母と子女が水に溺《おぼ》れれば、父は子女を先に生かさなければなりません。先に死の道を訪ねていくのです。子女を救うために死の道を訪ねていくのです。それが善です。「善導する」というでしょう?

そして、絶対信仰、絶対愛、絶対服従です。服従によって神人愛です。天と人が、愛で神人愛一体理想を成さなければならないのです。そのようにしてこそ、地上天国と天上天国の解放圏が展開するのです。一体理想で解放しなければなりません。その盟誓文《メンセ》が皆さんの首に掛かっています。五官に掛けて、十官に掛けて守らなければならないのです。そのように

しなければ、皆さんの目と鼻と口を中心として生殖器まで、垂直にへそまでも讒訴《ざんそ》するのです。（二〇〇三・八・二〇）

皆さんの頭の中には、絶対信仰、絶対愛、絶対服従以外のものがあってはいけません。夫なら夫自体が絶対信仰、絶対愛、絶対服従で妻と一つになり、妻も夫に対して絶対信仰、絶対愛、絶対服従です。二人がお互いに投入して忘れることによって、大きな位置に上がっていけるので、その夫婦が行く道は、プラス的勝利の覇権世界の次元を越えて、無限の世界にまで連結し、発展していけるのです。これ以上の解放と釈放はなく、これ以上の平和の安着、これ以上の太平聖代はありません。私たちは今、解放、釈放されたので、天の国の法を守る人は、神様の代身となって現れるのです。自由です。釈放太平聖代の永遠の世界が始まるのです。（二〇〇四・一〇・三）

皆さんの人生も、今からこの絶対信仰、絶対愛、絶対服従の三大原則に従って実践さえすれば、天上の五大聖賢はもちろん、皆さんの善なる先祖たちが総動員され、皆さんの幸福を保障してくれるでしょう。皆さんが父母のために、夫婦はお互いのために、兄弟姉妹がお互いのために、このような秩序的基準の信仰と愛と服従を施してみてください。そこにどうして利己的な個人主義や、享楽ばかりを追求する非原理的な根が伸びて入ってくることができるでしょうか。皆さんが絶対的基準に立ちさえすれば、天も絶対的基準で皆さんを保護し、守ってくださるのです。（二〇〇四・一〇・二五）

第七節　三大主体思想——真《まこと》の父母・真の師・真の主人

神様の創造理想は、家庭理想です。家庭をつくろうとされたのです。家庭をつくろうとすれば、生んであげなければならず、育ててあげなければならず、立ててあげなければなりません。それを誰がするのでしょうか。父母がするのです。それは神様と同じです。神様はどのようなお方かというと、真の父母の位置にいらっしゃる方です。ここから三大主体思想が出てくるようになるのです。第一は何かというと、真の父母であり、第二は、真の師であり、第三は、真の主人です。これを毎日の生活信条として消化するところに理想がなければなりません。

それでは、人間の欲望とは何でしょうか。皆さんも父母になりたいでしょう？　子女を育てたいでしょう？　子女を育てて出世させたいでしょう？　それが人間の欲望です。家庭にすべてのものがあるのです。それが三大主体思想です。それを毎日の生活信条として消化し、この三つをすべて抱かなければなりません。

真の師とは、真の父母の心をもち、自分の代身者として父母の代わりに教育する、そのような立場に立った師です。そして、真の父母は、生んでおくだけではありません。育ててあげなければなりません。教育して、自分の一族を相続できる主人を立てなければならないのです。これが三大主体思想です。これを完成しなければなりません。そのような神様の本質的三大主体思想の内容を、文総裁《ムン》が初めて地上世界に紹介しているのです。（二〇四―四五）

三大主体思想とは何ですか。真《まこと》の父母、真の師、真の主人です。「師」と言えば師弟関係であり、「主人」と言えば主従関係ですが、それは複数の人を意味するのですか。複数の人を意味するのではありません。父母と子女のことです。父子の関係においてのみ、これが成立するのです。

ですから、主体思想という言葉は、三大主体思想の中でどれか一つだけをもってきても、すべてが含まれるのです。真の父母をもってきても、そこには真の師がいて真の主人がいるのです。真の師をもってきても、そこには真の父母がいて真の主人がいます。真の主人をもってきても、そこには真の父母がいて真の師がいます。それが三大主体思想です。この三つは対等です。それはどのようなことを言うのでしょうか。師弟関係ですか。違います。父子関係のことを言うのです。

ですから、どれか一つだけを中間に立てても救われます。この世界を収拾する真の主人だけが出てきても、世の中が救われるのです。今まで、真の主人も、真の師も、真の父母もいませんでした。三つのうち、一つだけが出てくれれば救われるのです。地獄には行きません。これをはっきりと知らなければなりません。昼も夜も、これを観念としてだけ考えるのではなく、実際にそのようなことを体恤《たいじゅつ》できる境地にまで行かなければならないのです。（二〇四―二二二）

旧約聖書に記録されたイスラエル民族に送られるメシヤとは、どのような人でしょうか。メシヤとは、正に真の父母としていらっしゃる方であり、真の師としていらっしゃる方であり、真の王としていらっしゃる方です。再び来られるメシヤは、第三次アダムとして来られ、世界的基準で真の父母権と真の師権と真の王権を教えてあげようとするのです。これが正にメシヤ思想です。ですから、家庭があり、国があり、世界があり、天がある所では、どこであっても、いつであっても、三大主体思想が正しく確立されなければならないのです。（二九九―一一四）

三大主体思想とは、「ために生きる」真の愛です。それを知らなければなりません。神様のように、自分を投入して忘れてしまうことができるのが真の愛です。病気になった人を治すのが復帰ですが、復帰するためには、再創造原理を適用しなければなりません。創造原理を再び適用しなければならないのです。再び適用しようとするので、神様がこの万物を創造されたのと同じように、投入して、また投入しながら忘れる位置に入っていかなければなりません。(二〇四―一二〇)

神様は、真《まこと》の父母であると同時に真の師であり、真の主人です。どのような師でしょうか。ために生き、またために生きながら、それを教えてあげようとする師です。また、どのような主人でしょうか。すべてを握って自分のものにしようとするのではありません。神様までも、あなたのものにしてあげようとするのです。神様は、人を創造され、育てられ、天宙の主人である神様の代わりに、愛をもった者として自分よりも高い位置に行くようにし、主人にしてあげようとされるのです。

皆さんも、そのように生きなければなりません。人に対して投入し、夜を徹して祈祷してあげ、早朝にどこかに出掛ければ、先に行って道を守ってあげるのです。それが真の父母です。一生の間、ために生き、ために生き、老いて死ぬ日になっても、その息子、娘のためにもっと投入しようとするのです。父母とは、そういうものです。

このように考えるとき、神様がもっていらっしゃる三大主体思想をすべて私たちに与えてくださいました。これ以上、与えるものがありません。それを受けようとすれば、どのようにしなければならないでしょうか。神様のようにならなければなりません。神様と同じ心をもって、初めて受けることができます。ために生きて、またために生き、投入して、また投入し、千年、万年、永生の天国に向かっていく生涯を生きようと誓う人生の道は、宇宙が保護するのです。（二〇四—二二一）

皆さん、結婚はなぜしなければならないのですか。それは、主人の立場を探すためです。男性も女性も独りでは、片方の人間にしかなりません。神様の創造がそのようになっていきます。それゆえに、神様は、愛の器官である生殖器の主人を互いに取り替えておいたのです。妻の生殖器の主人は夫であり、夫の生殖器の主人は妻なのです。互いに「ために生きる」愛を中心として立ってこそ、相手の主人の立場に立てるのです。このような主人の立場を確保するために人間は結婚をするのです。

それでは、主人の立場を取り戻してからは何をしようというのですか。その立場で神様を占領しようというのです。神様は三大愛の主体です。天宙の主人として真の愛の師、真の愛の主人、真の愛の父母です。これこそ本当の三大主体思想です。このようなすべての教えと真理が真の家庭の生活を中心として創出されるのであり、これを拡大すれば社会と国家、そして世界と天宙までも平和の王国に変えることができるのです。（二〇〇三・一〇・一五）

第八節　四大心情圏と三大王権

1　四大心情圏

神様も成長過程を経て完成されました。人間が成長過程を必要とするのも、神様に似たからです。それでは、真《まこと》の家庭主義を、人間が成長するための温床である家庭の枠組みの中で、より具体的に見てみましょう。

エデンの園のアダム家庭は、神様が理想とされた真の家庭の典型であり、無形の存在であられる神様が、実体の存在として現れるための四位《よんい》基台として創造されたものでした。創造主の神様は、主体の位置で対象の位置に人間を創造され、神様の心の中にだけ存在していた無形の子女、無形の兄弟、無形の夫婦、無形の父母を、アダムとエバの創造を通して実体として完成しようとされました。アダム家庭を中心として、実体の子女としての真の愛の完成、実体の兄弟としての真の愛の完成、実体の夫婦としての真の愛の完成、そして、実体の父母としての真の愛の理想を完成し、無限の喜びを感じようとされたのです。

したがって、真の家庭主義の核心は、人間関係の最も根幹となり、真の家庭を築くにおいて絶対必要条件となる四大心情圏の完成と三大王権の完成なのです。四大心情圏とは、子女の心情圏、兄弟の心情圏、夫婦の心情圏、父母の心情圏を意味します。

人間は、この地に誰かの子女として生まれ、兄弟姉妹の関係を結びながら成長し、結婚して夫婦となり、子女を生むことによって父母となる、このような過程を経ていくようになっています。したがって、四大心情圏と三大王権の完成は、家庭の枠組みの中で成し遂げられるように創造されています。

そうだとすれば、まず子女の心情圏の完成とは何を意味するのでしょうか。人間は、誰もが選択の余地のない状態で、誰かを父母とし、その子女として生まれます。大統領の息子として生まれることも、世界最高の美人の娘として生まれることも、それは私たちの選択権ではありません。それでも、生まれるその瞬間から、私たちは宿命的に父母の保護を受け、成長、発展するようになっています。父母に侍って共に暮らしていきます。私たちは、父母のために命までも捧げるという、子女としての父母に対する愛と孝道の心情をここで習得して育っていくのです。

父母が直接教えてくれるのではなく、学校で学ぶのでもありません。子女のために献身的に真の愛の一生を生きていく父母の姿を見て体得し、悟るのが子女の心情です。成長して分別がつくようになって子女の心情が完成するのです。父母のためにすべてのものを捧げ、永遠に捧げる人生の基準を完成するのです。それは、父母が語る前に父母の心を読み取り、願われたとおりに従っていく人生の姿となります。父母の目を見ただけで、その方の心情を推し量り、真《まこと》の子女の道理を果たす人生の姿となるのです。そして、それは、横的な真の父母でいらっしゃる肉身の父母に対してだけでなく、縦的な真の父母でいらっしゃる神様に対しても、同じ絶対的基準の子女の心情を捧げる一生となります。子女の心情圏は、このように完成されるのです。

二番目に、兄弟の心情圏の完成も、やはり一つの家庭で兄弟姉妹が共に暮らしながら、父母の生きる姿から体得し、学び、完成する真の愛の心情圏です。父母の心情圏に似ていくのです。人間関係でいえば、前と後の関係です。兄が主体ならば弟は対象の立場です。しかし、兄を絶対的価値の主体の位置に立ててくれるのは、対象である弟です。それは、兄を父のように侍り、姉を母のように信じ頼っていく美しい心情圏の完成です。兄は、弟に対して、ちょうど父母が子女に対する愛の心情で世話をし、ために生きてあげる生活をし、弟は、兄や姉に対して、父や母に侍るように侍っていく真の愛を実践するのです。お互いが不足なところを埋めてあげ、良いところは育ててあげ、お互いに学ぶ兄弟愛を完成するのです。それが、誰も分かつことのできない血を分け合った兄弟姉妹間の愛であり、心情圏なのです。

このように、真の家庭圏において、真の子女の心情圏と真の兄弟の心情圏を完成した子女たちは、世の中に出ていっても、明るくてまぶしい太陽のように輝く人生を生きるようになります。目上の人に会えば、自分の父母に侍るのと同じ心情で侍るのであり、青少年たちには、自分の兄や弟のために生きるように真の愛を分けてあげながら生きる、そのような万民から愛される子女となるでしょう。いつ、どこで、誰に会っても、人よりも一つ多く与え、どのようなことをしても、人よりも一時間多く働き、どのような状況でも、自分を振り返る前に人の立場と境遇を考慮し譲歩する、真の愛と心情の所有者として尊敬されるでしょう。たとえ年は幼くても、老若男女を問わず、すべての人が信じて頼っていく中心人物になるでしょう。このように、一つの家庭の囲いの中で体得した兄弟の心情圏の完成は、人間の永生に対して絶対的な価値を育てていくようになるのです。

次に、夫婦の心情圏は、どのように完成されるのでしょうか。父子間や兄弟間の関係とは異なり、夫婦間の関係は、最初から血縁で結ばれた絶対的関係ではありません。育った環境と境遇が異なる一人の男性と一人の女性が出会い、新しい人生を共に創造していく、実に革命的な決断であり決心です。

しかし、夫婦関係は、真の愛で一心一体になれば、血縁よりもっと強く絶対的な関係に変わります。夫婦関係の中には、無窮、無尽《むじん》の宝が隠れています。一度天を中心として夫婦の因縁を結べば、永遠に別れることができない絶対関係になるのです。

アダム家庭を見れば、アダムとエバは、同じ神様の息子と娘でしたが、エバはアダムの妹の立場で出発しました。アダムはエバの兄の立場でした。しかし、彼らは、成長して夫婦になりました。同じように、夫婦間の関係は、同じ血を分けた兄であり、姉であり、弟妹の次元で始まらなければなりません。同じように神様を真《まこと》の父母として生まれたのであり、永遠に侍って生きていくべき宿命をもって生まれたのです。ここに、どうして離婚という魔の手が入ってくることができるでしょうか。天が見守っていて、良心の剣《つるぎ》が刃を研いでいるのに、どうして自分の永遠の喜びの伴侶《はんりょ》を捨てることができるでしょうか。

神様の愛が絶対、唯一、永遠、不変であるように、夫婦間の愛も絶対的であり、唯一であり、永遠、不変なのです。神様の創造原則、すなわち天理がそのようになっているのです。

心身一体によって夫婦の心情圏を完成した夫婦は、神様の喜びであり、宇宙の希望です。それは、真の父母の心情圏を完成させる絶対的必要条件です。そして、神人愛一体を完成させる絶対価値的基準の真の家庭の土台なのです。したがって、夫婦の位置は、神様と子女が合わさった位置であり、兄弟が合わさった位置であり、父母が合わさる位置です。四大心情圏の絶対的主体の位置であり、対象的位置でもあります。妻にとって夫は、理想的な天の息子を迎えるようにしてくれる位置であり、天の兄を迎えるようにしてくれる位置であり、天の夫、天の父を迎えるようにしてくれる絶対的位置です。夫にとって妻も、同じように絶対的存在です。

しかし、人間始祖の堕落によって、この神聖な人間関係の枠組みはこなごなになってしまいました。原理原則の根源でいらっしゃる神様が、原理と原則から外れない範囲内で堕落した御自身の子女たちを復帰しなければならない、そのような悲しい恨《ハン》の心情が秘められていることを知らなければなりません。それで、神様の真の愛を中心として、人類の救世主であり、メシヤとして顕現された真の父母から祝福結婚を受け、真の夫婦が誕生する結婚式は、六千年間に積もり積もった神様の恨を解怨《かいおん》してあげる解放、釈放の瞬間であり、その家庭の幸福が約束される新しい出発の瞬間になるのです。

そうだとすれば、父母の心情圏の完成とは何であり、どのようにして完成されるのでしょうか。いくら貴く立派な夫婦だとしても、子女を生産できなければ永遠に父母にはなれません。父母の位置は、最初の赤ん坊が生まれて産声をあげるその瞬間に決定されるのです。神様は、人間を喜びの対象として創造されたとお話ししました。同じように、夫婦が子女を生んで育てるのは、それを通して神様と同じ永遠の喜びを感じるための創造の役事なのです。

父母は、子女を生み、実体の神様の立場で天の子女として養育しなければなりません。そのようにすることによって、無形の神様がアダムとエバを養育したその真の父母の心情圏を体験し、相続することができるのです。見えない神様の創造の役事を自分たち夫婦を中心として、息子、娘を養育しながら体験します。そのようにして、神様の代身として第二創造主になる栄光を与えられるようになるのです。ところが、神様は、アダムとエバを創造されることによって、第二代創造主の基準は立ててくださいましたが、第三代の創造主の位置に立てられる孫と孫娘を見ることができなかったことが歴史的恨《ハン》として残されました。堕落によって血統がひっくり返ったサタンの子女を、御自身の真《まこと》の血統に立てることができなかったのです。

したがって、野生のオリーブの木として生まれた人間が、メシヤとして来られた真の父母の恩賜によって、真のオリーブの木に接ぎ木され血統転換をする祝福結婚を通し、善の子女を生産することは、神様に三代を、すなわち孫と孫娘を抱かせてあげる摂理観的次元の孝道になることを知らなければなりません。それは、第三創造主の歴史的出現を意味するのです。このように、一つの家庭を中心として、神様が創造理想として願われたその理想が完成するのです。この完成した真の家庭が拡大し、真の氏族、真の民族、真の国家、真の世界、すなわち地上天国と天上天国ができるのです。

父母は、天を身代わりしているので家庭の中心です。一方、子女は、地を身代わりする位置にいます。天は主体の位置であり、地は対象の立場です。したがって、主体である父母は、子女を天のみ旨に合うように養育し、結婚させせなければならない義務があります。二度とサタンが讒訴《ざんそ》できない純粋で善なる血統を保全し、子々孫々、天の血統を伝授してあげられる基盤を築かなければならない責任があるのです。堕落により、失ってしまった本然の父母の位置を、再び取り戻して立て、父母の心情圏を完成する唯一の道が、正にこの道なのです。

（二〇〇四・一二・二）

2　三大王権

三大王権とは何を意味するのでしょうか。一言で言えば、四大心情圏が真の夫婦の愛の一体を中心として完成するとすれば、三大王権は、アダムとエバが罪のない善の子女を生産するところで完成するのです。神様が一代ならアダムは二代、そしてアダムの子女は三代目になります。皆さんの家庭を見れば、祖父母は神様を代身する立場で一代となり、父母は二代となり、子女は三代になるのです。祖父母が過去を代表する王と王妃であれば、父母は、現世界を代表する王と王妃であり、子女は、未来世界を代表する王と王妃となり、皆さんの家庭で、三時代圏をすべて取り戻して立てることができるのです。

このように、一つの家庭圏で正分合の創造過程が展開します。祖父母が「正」であれば、父母は「分」となり、再び「合」になる位置には子女が立つのです。したがって、祖父母を愛して侍ることによって、私たちは過去を学び、相続します。父母を愛し侍りながら、子女たちは現在を学び、習得します。また、祖父母と父母は、孫と孫娘と子女を愛するところで未来を感じ、希望をもつようになるのです。

本来、アダムとエバが完成していたならば、アダムは完成した天国の父であり王になっていたのであり、エバは完成した天国の母であり王妃になっていました。彼らは、家庭の主人になっていたのであり、家庭的王権、民族的王権、国家的王権、世界的王権が生じていたでしょう。神様は、天上天国の王であり、アダムは神様の実体をもった地上天国の王になっていたのです。

したがって、皆さんの家庭において、祖父母は神様が派遣された天の全権大使だといえます。祖父母を神様のように侍り、仕えなければならない理由がここにあります。そして、天に侍る父母は、六十億人類を一つの家庭として抱く、家庭の王と王妃です。未来に責任をもつべき子女たちは、天の伝統を固守し、王である父母に孝道と忠誠を尽くし、善の王統を伝授されなければなりません。さらには、天の三代圏の完成を平面的に一代の家庭で総体的に完成するのが真の家庭主義の始まりです。このように、本然の家庭は、神様が創造目的として立てられた地上・天上天国の典型になるのです。言い換えれば、四大心情圏と三大王権を完成した家庭こそ、人類の願う平和王国をこの地上に創建することができる土台になるのです。

ですから、家庭は天の国の王宮です。その構成員である家族は、すべて天の王族です。しかし、祖父母、父母、子女を問わず、真《まこと》の愛の一体圏を完成することができなければ、三大王権の完成も見ることができず、四大心情圏の完成も不可能なのです。

したがって、今から皆さんは、神様の創造理想圏に戻って真の家庭を創建してください。皆さん自身が真の父母になってください。そのような家庭に神様が臨在されるのです。そのようになれば、永遠の平和と幸福が皆さんの家庭に満ちあふれるでしょう。（二〇〇四・一二・二）

第九節　天の密使《みっし》

過去の歴史的な先祖たちを回顧してみるとき、彼らは、いつのときも密使の立場、すなわち自分の正体を明かせずに隠す立場にいました。そのような環境で、自分の足場を開拓するために、無限に努力していった人たちであることを、私たちは知らなければなりません。

そのような観点から見るとき、今日、サタンがこの世界を占領し、数多くの主権国家をもっている、このような舞台を前にして、この国家と世界をそっくりそのまま天のものとして転換させようというのが神様の復帰摂理であり、救援摂理です。ですから、このような摂理のみ旨を抱いた一人の姿が現れるたびに、どの国家も、どの社会も反対せざるを得ない立場に立つようになります。したがって、反対される立場に立った人、言い換えれば、摂理に責任をもっていく人は、常に密使のような心情でした。そのような人は、神様から怨讐《おんしゅう》の国家に派遣された密使、すなわちその国の主権に責任をもち、その主権が行く運命を決める密使の使命を果たしてきたことを、私たちは知らなければなりません。

ですから、ローマに入っていったキリスト教徒も、やはりそのような歴史過程を経てきました。個人的な密使の行動が、家庭的範囲、氏族的範囲、民族的範囲へと提示されるようになるとき、これがその社会において、新しい革命の烽火《ほうか》となり、新しい国家を築くことができたことを、歴史を通して知ることができるのです。これは、否定することができない事実です。このように見るとき、今まで宗教が発展するためには、その背後に密使の責任が重大であったことを知ることができます。怨讐の国家に派遣された密使の使命を果たすために、そこに天の側の氏族を残していった人たちは、その時代において、天の前に責任を果たした人であり、そのようにすることができなかった人たちは、天の前に責任を果たせなかった人たちであったという事実を、私たちは知らなければなりません。（二九―三一）

皆さんを指導している先生も、今まで密使のような心をもってきました。国家なら国家の権力から信奉される基盤を、どのようにして築けばいいのでしょうか。そのような時になって、初めて特使の使命を果たすことができるのです。その基盤を築くことができず、密使の使命段階を経ずに行動すれば、必ず破綻《はたん》が起きるようになるのです。自分の命はもちろん、自分のすべての前後関係と国家の運命がここに横たわり、全体の前に悲惨な結果を避けることができなくなるという事実を、常に念頭に置いて行動しなければなりません。密使の使命を果たす過程においては、特使の使命よりもっと厳粛《げんしゅく》であり、内心で二重、三重に誓いながら、自分の正体がその環境に露出しないように努力しなければならないのです。

それでは、密使《みっし》が取るべき態度とは、どのようなものでしょうか。自分の生死が問題ではありません。密使は、常に生きるか死ぬかの危険にさらされていて、常に死が目前に立ちふさがっているのです。ですから、生死の境界線において、死を乗り越えた所にいらっしゃる神様の代身者です。三十八度線を越えてきた人はその気持ちが分かるかもしれませんが、密使は、国境線を越えるような冒険の世界で、死の場を踏み越えていける確固たる生活態度を取らなければなりません。

このような観点から見るとき、生活態度や、ほかのすべての面で変わらなければなりません。その村で誰も責任がもてないことを、自分の責任として、当然のごとく責任をもつことができなければなりません。打たれることがあれば、その村に代わって打たれるのが密使としての責任を完遂できる最も早い道です。村のために打たれて死なずに戻ってくれば、村全体が屈服するようになるのです。(二九—三七)

密使とは、常に祖国のために生きる人です。本然の主権者が神様であられるので、「お父様、お父様だけがいらっしゃってください」という生活そのものにならなければなりません。「私たちは今からどうなるか分からない立場なので、私が死ぬとしてもお父様と共に死に、追い詰められるとしても、お父様と共に追い詰められ、追い出されるとしても、お父様と共に追い出され、闘うとしても、お父様と共に闘います」という心が、密使の生活圏内からなくなってはいけません。秘密があれば、心を一つにしてその主権者に報告する責任をもっている人が密使です。ですから、そのような心をもっていくにおいて、死の道の峠を十越えたとすれば、それ以上の実を結ばなければなりません。結ぶことができないときには、神様の前に背信者になるのです。

それでは、神様とはどのようなお方でしょうか。神様は、密使の大王であられます。祖国光復《こうふく》のためにサタン世界に現れる密使の大王であり、総司令官であられます。そのような神様が、この地に対して、「私が神であり、私が教えることができる真理はこれである」と、六千年間で一度でも主張した時があったでしょうか。ありませんでした。しかし、神様は、私たちの清い良心を通して指示し、因縁を結ぶために苦労してこられました。私たちの心の根本を広げ、一致化し得る自由な世界に導いてこられたのが六千年の復帰摂理歴史です。（二九―四八）

今まで皆様は、平凡な生活を生きてこられました。しかし今から皆様は、天の密使の使命を果たさなければなりません。個人個人を見れば、大小、広狭《こうきょう》、高低の差はあるかもしれませんが、今から皆様は、神様から特別に派遣された天の密使として堂々と天の善なる血統を固守し、祖国光復《こうふく》の呼び掛けの前に、天的権威をもって奮然と立ち上がる愛国者にならなければなりません。密使《みっし》は、どのような使命を果たす人ですか。祖国光復への望みが現実の望みよりも千倍、万倍強いという心をもち、命を捧げてでも必ずそのみ旨を成し遂げるという人です。そのような悲壮な覚悟で行かなければ、密使の資格はないでしょう。食べて、寝て、行って、来るすべての生活が祖国光復のためのものでなければなりません。

聖書にも、「まず神の国と神の義とを求めなさい」（マタイ六・三三）とあります。皆様は、「たとえ私の体はサタン世界の圏内に属していたとしても、私は真《まこと》の血統を受け、祖国光復のために新たに生まれた天の密使だ！」という確信をもっていかなければなりません。神様は、突然子女を失った父母になり、激しく追われ冷遇される立場で、一度として御自身のみ旨を思う存分に繰り広げることができなかった方です。皆様は、このような神様の悲しい心情を推し量ることができる孝子、孝女にならなければなりません。（二〇〇四・二・八）

第二章　真の父母様の生活哲学

第一節　生活哲学の中心は「統一原理」

統一教会を信じる人たちは、考えなければなりません。今まで先生は、生涯を通して多くの迫害を受けてきました。そのような迫害の渦中で、どのようにして生き残ってきたのでしょうか。ですから、真《まこと》の父母様の生涯の原則に従って生きてみなさい。先生が生きてきたその生活哲学に従って、代身として生きようという心をいつももつようにするのです。堕落した世界のサタンを屈服させる標本が先生です。（二二五―二二三）

生死が交差するそのような場で、自分がもつべきものがあるとすれば、「原理原則に立脚して死に、原理原則に立脚して生きる！」という思想です。この鉄則こそが生活哲学です。それを生涯の哲学として残していくのです。これが統一教会を指導する文《ムン》先生の思想です。皆さんは、それを知らなければなりません。（八四―八八）

信仰生活は、とても現実的です。最高に鋭敏な現実です。ですから、「原理」は最高の哲学です。生活哲学なのです。皆さんが、そのようなものには関心をもたず、政治や経済、貿易、そのようなものにばかり関心をもつようになってはいけません。そのような思考をもたせるような父母になってはいけないのです。（二二〇―三一一）

天運に乗らなければなりません。天運に乗ることができなければならないのです。天運に乗ろうとすれば、「原理」の道を行かなければなりません。原則的な道です。これが先生の生活哲学です。今まで四十年間迫害を受け続け、みな滅びると思っていましたが、その滅びる所から跳躍し、より大きな世界へ、より大きな舞台へと発展してきたのです。それは、天が協助したからです。それでは、なぜ天が協助できたのでしょうか。天理原則に一致した道を歩んできたからです。皆さんにおいても同じです。ですから、恐れてはいけません。（一四九―一八七）

今から私たちは、堕落によって神様がアダムとエバを教育できなかったその恨《ハン》を解いてあげるために、三大主体思想を相続して、教育しなければなりません。三大主体思想こそ、真《まこと》の愛の実践原理であり、生活哲学なのです。そして、三大主体思想の教育と実践を通して、長子権、父母権、王権を復帰できるのです。同時に、アダムとエバが教育を受けることができず、神様のみ旨である創造理想家庭が完成できなかったので、再び真の愛で子女教育、兄弟教育、夫婦教育、父母教育を実践し、全体統一の基本である家庭が形成されなければなりません。そのようになるとき、理想的国家と理想的世界が成し遂げられるのです。（三二一―四三）

第二節　自己主管

「宇宙主管を願う前に自己主管を完成せよ」というのが私の生活哲学です。宇宙主管を願う前に、世の中のあらゆるものと関係をもつ前に、自己主管を完成しなさいと言いました。主人になることができ、師になることができ、父母になることができるこの良心に、自分の体が千年、万年待ったとしても不足な自分であることを発見するとき、初めてここに天運が臨むのです。心は体のために生きたいと思いますが、体は心のために生きようとしません。

問題は自分自身にあるのであって、社会にあるのではありません。自分の家に問題があれば、兄が悪く、姉が悪く、父が悪いからではなく、自分が悪いからです。自分から正しく立て直し、それからほかの人が悪いという第二、第三の批判基準を立てるのです。自分が一つになってこそ、堂々と一つになった世界で暮らせるのであって、自分が一つになっていないのに、全体が一つなった所にどのようにして近づくのですか。自動的に退いていくようになるのです。心を踏みにじり、心を否定し、心を苦しめ、心を締めつける体が主人になってはいけない、という事実を知らなければなりません。体を捕まえて、心のように「ために生きる」ようになったときには、幸福が訪れてきます。ここに神様が臨在されるのです。(二〇一私は、生涯をかけて、「ために生きよ！　天宙主管を願う前に自己主管を完成せよ！」という真《まこと》の価値観の理念で今まで世界の若者たちを指導してきました。皆さんは、真の父母、真の師、真の主人の三大主体思想で武装し、真の父母のように、強靭《きょうじん》な肉体と健全な精神の調和統一を必ず成就していかなければなりません。原理的に見るとき、完全な人間は、精神と肉体が神様の心情と絶対価値を中心に統一的な関係をもち、健康な状態と正しい役割を果たさなければなりません。

つまり、いくら健全な精神をもっていても、健康な肉体をもてなければ、完全な人になることはできず、それと反対に、健康な肉体を所有していても、精神が正しくなければ、正しい人の役割を果たすことはできません。このような事実を認識し、皆さん全員が、心と体の正しい統一を成就していけるよう、絶えず先頭に立つことを願います。（二七一―一四九）

―三五三―

世界を占領するよりも、自分自身に与えられた環境を占領するほうがもっと難しいことを、皆さんは知らなければなりません。国を背負って私に反対するサタンや、社会を足場として反対するそのサタンが恐ろしいのではなく、その悪が恐ろしいのではありません。私の本心を取り巻く善の前に、直接的にぶつかっている「私」という存在が、どれほど恐ろしいものかを知らなければなりません。したがって、この「私」をどのように克服するかという問題が、信仰者においては最も重要な問題なのです。(四二―二一六)

皆さんの心は、何をしなければならないのでしょうか。天理の法度《はっと》を順理的な法度として迎え得る本性をもつために、それに相応する自我を完成しなければなりません。心と体が相応していますか、相克《そうこく》していますか。相克しているときは、「相応」がその場にいることができないのです。「相応」から出発すれば「相克」は存在できますが、「相克」から出発すれば、「相応」は絶対に存在できません。ですから、その人の理念と行動がいくら美しかったとしても、相克している人の終末は破綻《はたん》なのです。皆さんがこれをはっきりと理解して、生活哲学として適用すれば、人生において失敗しません。この原則を自分の生活に応用して天倫に合わせていく人は、決して天倫の反逆者にはならず、天倫の前に順理者になるのです。(一七―一一八)

私たちが行くべきただ一つの道は、どこにあるのでしょうか。心の声にあるのです。ですから、善なる心をどのようにして外形的な版図に広げていくのかということは、天国を所有でき、最も善で、最も貴いものを所有できる基盤を築くという問題に直結しているのです。これを一日の生活哲学として、一日一日の生活目標として立てて闘争していくことが、社会や民族、または国家に影響を与えるよりもっと貴いことを、皆さんは知らなければなりません。（四二―二一六）

寝ても覚めても、「この足よ、お前は行かなければならない、行かなければならない」と言うのです。「行きません」と言えば、「ええい！　行かなければならない！」と言い、この体がそのように言えば、「行かなければならない！」と言い、鏡を見ても、「行かなければならない！」と言うのです。鏡を見てそのように言ったのです。本当です。私の行くべき道が忙しいのです。私の目の見る道が忙しく、私の足の行く道が忙しいのです。死ぬ前に行けなければ大変なことになります。「どうか神様、死なないようにしてください！　その時まで、全力を尽くして勝利するようにしてください！　しかし、それでも行くことができなければ、死ぬようにしてください」と、このようにしてきました。その心情が分かりますか。（一一―三三五）

皆さんは、今まで先生の家庭、あるいは先生がこの道を築いてくるにおいて、言い表せない事情があったことを知らないでしょう。先生は、性格がとてもせっかちです。不義を見れば、我慢できない人です。それでも、今までこのように耐えてきたのは、一度誤れば、億万年の歴史がねじれていくことを知っているからです。先に怒りを表せば、天地がひっくり返ることが起きるのです。(二三―三〇五)

習慣性に染まって暮らしていた私たち人間は、ともすれば環境に妥協するようになります。そのようになるのは、あっという間です。環境を克服していく道は、孤独な道であり、寂しい道であり、闘争の道ですが、孤独な立場で与えられた環境に妥協するのは、あっという間なのです。ですから、特別な仕事や、革命的な仕事の成功を願い、団結心をもって困難な環境を乗り越えようとする人たちは、「これ以上の困難があっても行く」と言いながら、その環境を克服していかなければなりません。

そのような困難な環境を乗り越えた実績の権威を一度、二度、三度ともてばもつほど、闘争歴史の結果を備えれば備えるほど、それが個人的闘争期、家庭的闘争期、氏族的闘争期などの環境的与件を克服できる一つの材料になるのです。そして、これを基盤として、今まで前進してきたものよりもっと大きな闘争の目標を中心として、それを消化することができ、それ自体とぶつかって押していける自主的力量をもてるようになるのです。そこで、自分を考え、自分の過去を考え、環境与件を考えるようになれば、停止状態になります。そこに自分の愛する友人や師、あるいは父母など、このような心情的動機だったものが現在の環境にあれば、自分がそこに癒着《ゆちゃく》するようになるので、再び乗り越えて立ち上がることが難しくなるのです。（二一五―一二）

与えられた環境を超越し、神様のみ旨と一致できる生活をしなければならず、隣人とも和合しなければなりません。古今東西、そのような世界になることを願うのは、それがすべての理想だからです。このような生活哲学を中心に、統一教会の理念と思想で武装して世界に出ていかなければなりません。それは言葉だけではいけません。実践することが重要です。（二四―四八）

皆さんは、一日を中心として生きていくにおいて、与えられた環境と関係をよく結び、そこで新しいことを悟り、その悟ったことを神様と共に因縁を結んでいかなければなりません。その結んだ因縁を、いろいろな人にどのように植えておくかが、中心者として果たすべき責任なのです。（三〇―一三二）

準備する人は、滅んでも行くべき道を訪ねていけます。準備できない人は、滅べばそれで終わりです。終わるというのです。荒野の六十万の大衆が準備して、「私たちはカナンの地に行こう」という信念で、砂漠で準備して訓練していたならば、わしのえさになることはなかったでしょう。そのような人たちは、カナンの福地に行く時に神様が守ってくださるのです。統一教会の女性たちも、そのようになる危険性があります。女性たちは、すべて同じです。それで、女性たちを訓練させようと先生は考えたのです。（一二五―一二七）

準備しなければ滅びるのです。私が滅びなかったのは、準備をしておいたからです。それで滅びなかったのです。それをはっきりと知らなければなりません。（一七一―三一二）

皆さんに教えてあげるのは、先生の生活哲学です。それは、準備しなければならないということです。しなければ滅びるのです。準備の基盤をもとうとすれば、ほかの人よりも侮辱《ぶじょく》されなければならず、ほかの人よりも悲惨な立場にも行かなければなりません。悲惨な人たちを生かしてあげようとすれば、悲惨な立場で生き残り得る基盤がなければならないのです。それをはっきりと記憶してください。（二四八―二一二）

過ぎていく一日一日が、どれほど大切か分かりません。ですから、寝る時間にも、ほかの人のように寝ることができません。きのうもそうです。きのうも遅くまでしましたが、朝早く起きるのです。それがくせになりました。長時間寝ると、心が安らかではありません。昼寝をすることができない人です。どうして昼寝をするのですか。私は、疲れたからといって昼寝をする、そのように平安な人にはなれません。疲れて知らないうちに昼寝をしていたら、涙を流して悔い改めなければなりません。それが統一教会の設立精神です。（一七七—二四九）

第三節　完全投入

創造の起源は、愛を中心として「ために生きる」論理でした。対象のためにすべて投入すること、これが偉大なのです。ここから生活哲学が出てきます。愛は理想的な航海をしなければなりません。私たちがそのような目的世界に向かって、方向性を定めて生きていくためには、ために生きなければならないという生活哲学の論理が出てくるのです。完全投入しながら行く道以外には、真《まこと》の愛の道に出会うことはできません。それは、完全に投入し、完全に「ために生きる」ところにおいてのみ可能です。このようなことが、すべて理論的に生活哲学の基盤にならなければなりません。(一七三―二一三)

投入して忘れてしまう人は、必ず中心存在になるのです。これは天理原則です。皆さんの兄弟なら兄弟、友人なら友人の中でも、全体のために生きれば、自分が願わなくても自然に中心存在になります。私のために生きなさいとすれば、すべて消えていきます。破壊されるのです。自分のために生きる所は、破壊されるのでサタン側であり、人のために生きる所は、全体が一つになるので天の側です。皆さんも、生活哲学において、このような原理的基盤を

基調として立て、生活のすべての舞台を整備していかなければなりません。（二六一―一二七）

私は、できる限り忘れてしまいます。世の中の困難だったことを、すべて忘れてしまいます。それが生活哲学です。記憶もしないのです。三年たてば、その顔があやふやになります。記憶する必要がないのです。神様が堕落したことを今まで記憶していれば、どのように生きていくのですか。それを忘れてしまった立場で、再創造するために、自分を投入するために努力されたのです。ですから、神様の愛は、偉大な愛なのです。（二〇二―三三四）

どこかに行って日雇い仕事をするとしても、「私は、きょう主人になって働くのだ！」と考えなければなりません。日雇い労働者として働くなというのです。この本意を知ったので、働いて忘れてしまい、働いて忘れてしまおうとする人は、仕事をしても疲れません。私のような人は七十を超えましたが、これが生活哲学になっています。もっと投入しなければならないということです。足がふらふらしても、もう少し投入しようというのです。（二二二―二〇）

先生が壇上に立つときも、いつも何か一つ不足なものを着て立とうというのが生活哲学です。下着を着るにしても何を着るにしても、穴の開いたものを着て立つのです。パジャマを着るときも、古いものを着るのです。そのようにして、初めて心が平安です。そのように暮らしているのです。お金がないからといって「お金を下さい」と言うのは嫌いです。夜を徹して働き、努力し、もっとやってこそ、天が祝福してくださるのです。（一一五—一一八）

「終始一貫」という言葉があります。皆さんは、このようになってはいけません。皆さんは、「始小終大《ししょうしゅうだい》」になることができるようにしなければなりません。たとえ始めは小さくても、終わりは大きくなければならないのです。それが先生の生活哲学です。先生は、いくら難しくても、難しいとは考えません。台風が吹いてくるとき、根が弱ければ、抜かれて飛んでいきます。どんなに吹きつけてきても抜けない基準にまで、願いを成し遂げ得る基準にまで、やるのです。（二三二—三一二）

統一教会の教会員たちは、「終始一貫」ではありません。「始小終大」です。終わりが大きくなければなりません。その世界は、与えてまた与えようとするので大きくなるのです。堕落したので、復帰する過程においては「終始一貫」です。それは、同じであってこそ合うからです。しかし、今後、私たちの世界は、自分を中心として自分が大きくなってはいけません。愛を中心として、真《まこと》の愛が願う世界を一つにするにおいては、終わりが大きくなければ

ならないのです。「竜頭蛇尾《りゅうとうだび》」は、私たちには必要ないのです。（二三二―二五〇）

私を捕まえて監獄にほうり込んでも、「始小終大」の思想で絶対に後退しません。大きなものを前にしてぶつかるのです。ぶつかるようになるとき、誰が守ってくれるのでしょうか。神様が守ってくださるのです。神様が主人であり、主体になるのです。

自分が監獄に入って閉じ込められたとしても、その心を捨てなければ、監獄ではなく死地に行っても、天が引っ張り出して相対的位置に立て、東西南北自由解放圏に向かって、いくらでも新しい道を開いてくださるのです。これが統一教会の文《ムン》総裁が、迫害を受ける世界において、漸進《ぜんしん》的実績、付加的実績を備えて、世界的な基盤を築いた伝統的生活哲学であることを知らなければなりません。（二三二―五三）

先生の生活の哲学は、どこに行っても一歩プラスするのです。山に登ってもそうです。すべて登りきったとしても、最後からまた一、二、三以上、十一、十二まで数えるというのです。最後にもう一歩歩いた、それが新たに発展する条件なのです。もう一歩でも行けば死なないというのです。サタン世界と競争すればそうです。

一分でも遅く寝て、一分でも先に起きるのです。神様はそれを願われています。遅れてきたり、進みながら一度でもとどまることを嫌われるのです。そのような生活哲学に立脚して、その哲学的な内容の価値を受け継いできたので、四十年間でここまで上がってきました。(三五二―一六三)

文《ムン》総裁は、今まで命を懸けてやってきました。のらりくらりではありません。決死的です。休む間がありません。停止というのは、最も恐ろしい言葉です。停止すれば、そこから下っていくのです。これは死亡と通じます。地獄と通じるのです。停止を否定しなければなりません。生きている存在は発展するのです。きのうよりもきょう、あすよりもあさって、一つ加えなければなりません。少しのものでも加えていくのです。

文総裁が、今日迫害される世の中でこのような基盤を築いたのですが、その生活哲学の主流は何でしょうか。停止はあり得ないという思想です。私は八十近い年齢になりましたが、停止することはできません。若い青年に負けることはできないのです。発展とは何ですか。復興に通じます。繁栄と通じ、天国と通じるのです。(二七三―二二九)

第四節　公的生活

世の中で最もかわいそうな方は誰でしょうか。神様です。最も多くの苦労をした苦労の大王は誰でしょうか。神様です。人間を創造されたその日から、人間を見るまいとしても見ざるを得ない運命を抱えた父の立場にいらっしゃる神様、春夏秋冬はもちろん、六千年歴史の中で、一時でも、一瞬でも手放すことができない人間の姿を見つめながら、苦しみあえぎ、泣き叫ぶことを御自身の生活哲学とされ、それを掲げて人間を支えてあげる生活をしてこられた神様は、どれほどかわいそうな方でしょうか。(四三―三三二)

神様が誰を見て統一教会を協助することができるでしょうか。皆さんは、「私を見て協助してください」と言える人にならなければなりません。「神様は私のために協助される」と言える生活にならなければならないのです。「私を中心として、神様が協助されるそのような人にならなければならない」、これが先生の生活哲学であり秘密です。神様が、「あなたゆえに、大韓民国を愛さざるを得ない」とおっしゃることのできる人にならなければなりません。このような責任者にならなければなりません。皆さんを見て、神様が統一教会を押して

くださるかということが問題です。（一七―三四三）

先生は、人間が行くべき道を行く人、すなわち神様が願われる人、神様が同情することができる人、そして、神様の前で今まで流してみることができなかった新しい涙を流すことができる人、自分の生涯において、どのようにしてこのような人になれるかを考えてきました。今まで流してみることができなかった新しい涙を流して死のうというのが、先生の生活哲学です。イエス様は、どれほどの心情をもって亡くなったのでしょうか。先生は、それ以上の心情をもつことによって、神様が、「あなたは私よりも立派だ」と言い得る人にならなければなりません。（三一―三二六）

皆さんは、公的な管理を尊重視しなければなりません。物なら物を大切にするのです。先生が幼いとき、ノートを使うときには、線が引かれた部分から書くのではなく、一番上から書きました。あるときは、一ページに二度ずつ書いたこともあります。そのようにすれば、もう一冊分ノートに書けるのです。ですから、物を大切にしなければなりません。

それでは、神様はどのような人を好まれるのでしょうか。公的な立場で、公的管理を生活哲学としていく人を好まれるのです。万物に対しても、やはり同じです。これが天地の道理であり、天法なのです。

先生は、精誠を尽くす人にはどうすることもできません。それで、今まで統一教会を率いてきながら、二人の人がいれば、その二人のうちどちらが優れているかを解決しなければならないときには、顔のよしあしを見るのではなく、心がどこに向かっているのかを見ました。つまり、私的か公的かを見たのです。

皆さんがこのような原則を中心として、公的な道を歩んでいけば、絶対に滅びません。絶対に滅びないのです。ですから皆さんは、物を公的に管理し、人に公的に対し、天に公的に侍るのです。これをきちんとしている人たちが集まって夫婦になったならば、その家庭を中心として、新しい民族と新しい世界が形成されるのです。したがって、より公的な生活をする皆さんにならなければなりません。（三一―二六〇）

真《まこと》は自分を中心としたものではありません。これが今までの先生の生活哲学です。良いものが現れれば、それは怨讐《おんしゅう》です。それは、私を引っ掛けるためのえさです。誰かが良いものをもって現れるとき、「これは私のものだ。これを統一教会のものとして、大韓民国のものとして、世界のものとして残すことはできない」と考えるようになれば、例外なく滅びます。世界であれ、国であれ、何であれ、自分のものだと考えれば滅びます。滅びるようになっているのです。それは、ほうっておいても滅びます。しかし、それを世界のものだと考えるときは、ほうっておいても栄えるのです。（三六―三〇〇）

私たちは公的な存在です。レバレンド・ムーンもそうです。私は、神様のために生き、人類のために生きる代表者です。公的な存在だと考えています。公的な存在が、「ああ、私はおなかがすいているので、御飯を食べてからやろう」と言うことができますか。「私は遊びたいので、遊んでからやろう」と言うことができますか。「私は寝ていないので、寝てからやろう」と、それは通じないのです。食べること、着ること、眠ること、遊ぶこと、すべて忘れて神様のために、人類のためにするのです。これが統一教会の文《ムン》先生の生活哲学です。（八〇―一五二）

今まで祝福を受けた家庭は、どこに向かっていくのでしょうか。家庭に向かっていく人は、流れていくのです。先生も、結婚した目的は、家庭を救うためではありません。家庭のために行くのではありません。国のために、天宙復帰の使命を果たすために行くのです。目を覚ませばそのために誓い、涙を流せば、それを抱き抱えて涙を流していかなければなりません。これは、今後の歴史において、父母として残してあげるべき贈り物です。これが、先生の家

庭を中心とする生活哲学です。このような伝統がなければなりません。（一五七―三〇八）

今から皆さんが道を出発して、社会の厳しい風潮にぶつかるとき、それを消化していける秘法とは何でしょうか。皆さんがもっている手段や方法、あるいは才能など、そのすべてのものは役に立ちません。たった一つ必要なものは、公人としての心情をもち、父母のような心をもって「ために生きる」ことです。これは、ここに立っている師が経てきた生涯の闘争過程において習得した、生活哲学の一面を皆さんに伝達しているのです。ですから、どこに行っても公人の心情をもって生きなければなりません。（一九九―二三二）

神様が私に対して、より大きな期待をもてる内容をもたなければなりません。そうでなければ、皆さんの家庭に滅亡が訪れるようになります。言い換えれば、国を愛し、世界を愛さなければならないのです。そして、「息子、娘を送ってくださるのならば、国のために生き、世界のために生きる息子、娘を送ってください」と考えなければなりません。このような観が立っていなければならないのです。その息子、娘は、国と世界のためにこの地に生まれたので、国のために生き、世界のために生きることがその息子、娘を愛することです。それが父母の立場でなすべきことです。これが先生の生活哲学であり、信仰の標準です。愛するに

しても、そのような哲学をもって愛さなければなりません。(二九―二二〇)

統一教会の文《ムン》先生は、大韓民国だけのために生きる人ではありません。今まで大韓民国を中心として闘ってきたのは、世界に行ける道を築かなければならなかったからです。この道を築くことができなければ、世界に行けないので、今まで千辛万苦して、受難の道を克服してきたのです。そして、私個人の勝利点を固め、家庭の勝利点を固めたのです。皆さんの家庭がそれをできなければ、私の家庭で氏族を代表し、私の家庭で民族を代表し、私の家庭で国家を代表できるたった一つの中心基準を残してこの道を行かなければならない、というのが先生の生活哲学なのです。(五七―七六)

第五節　「ために生きる」

世界を愛すること、世界のために生きること、これが神様のみ旨です。ですから、世界を愛し、「ために生きる」のが神様を愛する道であることを理解して、皆さんは、その心をもって生活していかなければなりません。生活全体をそのように考えて生活する人の主義は、何主義というのですか。世界主義であり、天宙主義です。そのような人は、話をするにも、その話しかすることができず、仕事をするにも、その仕事しかすることができません。そのような人は、真《まこと》の人です。また、そのように暮らす家庭は真の家庭であり、そのように暮らす家庭が集まってできた氏族は真の氏族です。また、それを中心として世界のために生きる国は真の国であり、そのようにしてできた世界は、真の世界、すなわち天国なのです。

皆さんと先生を比較してみれば、先生のほうが皆さんよりもっと神様の前に孝子でしょう。なぜかというと、今まで生涯を捧げてこのようなことをしてきたからです。しかし、自分が孝子の道理をすべて果たしたとは夢にも思いません。行けば行くほど不足さを感じます。孝子の道理、忠臣の道理をすべて果たしたと考える人は、その孝子や忠臣で終わります。私は孝子なのに、忠臣なのに、どうして分かってくれないのかと抵抗して拒否する人は、その峠から後退する人です。行けば行くほど孝の道理が残っていて、行けば行くほど忠の道理が残っていることを発見し、その孝を果たすことを自分の生活哲学として生きる人であってこそ、天の孝子になることができ、天の忠臣になることができるのです。（三五―三四一）

公式とは、何でしょうか。あらゆるものに合わせてみてもぴたっと当てはまる、そのような主体性をもっているとき、それが公式になるのです。それと同じように、「ために生きる」生活哲学は、天上世界、地上世界、膨大な世界のどこにでも、すべて当てはまります。王の位置に行っても合い、僕《しもべ》の位置に行っても合います。どこに行っても、このような人が主体になっているのです。（二〇四―二四五）

統一教会の文《ムン》先生の生活哲学は、あとから食べ始めて先にはしを置くということです。はしを持つときは、最後に持ち、置くときは最初に置くのです。以前、ある人が証《あかし》をしていましたが、先生がいつも先にはしを置き、自分は、はしを持ちながら自分のおなかと格闘したというのです。そのようにしていくと、食事をする所では、その人たちが弟子になり、私が師の立場に上がっていくのです。食事をするたびに頭を下げるのです。それが統一思想です。（四八―一一四）

私たち統一教会の生活哲学は、偉大です。「ために生きよう！」。負債を負わせようということです。文総裁が今日までこの統一教会を導きながら、それを考えてきました。最も恐ろしいことが負債を負うことです。精誠を尽くした人がもってきた物は、この宇宙にそれ以上の精誠を尽くさずに受ければ、それは毒薬よりもっと恐ろしいのです。祭物を自分勝手に扱えば、国が滅亡することを知らなければなりません。（一九八―一四六）

皆さんは、負債を返さなければなりません。私は、大韓民国なら大韓民国に、夢にも負債を負おうとは考えない人です。誰にも負債を負わないようにしようと考えるのです。自分の一生において、過去にある獄中で、ある一時に世話になることがあったならば、そのことを記憶し、忘れたことはありません。「これは、私の一生において必ず返す」と考えるのです。もしその人がいなければ、ほかの人を通して何倍も返してきました。死ぬとしても、負債を負って死んだ墓を残しては死にたくない、というのが先生の生活哲学であり、人生観です。（七七―五五）

私たち統一教会の標語を、皆さんはよく知っているでしょう。「父母の心情、僕の体、汗は地のために、涙は人類のために、血は天のために」と言ったのですが、どうしてこのような標語が必要なのですか。これは、涙を流すとしても父母に代わって流し、汗を流すとしても父母に代わって流し、血を流すとしても父母に代わって流そうというのです。これはどういうことでしょうか。生きていらっしゃる神様の前に行き、死の道をすべて引き受け、天のために、地のために、人類のために、私が先に死の祭壇に上がろうということです。

神様は永存される方です。神様が涙を流されるのは、死の道を一掃するためであり、苦痛の道を一掃するためであり、悲しみの道を一掃するためです。神様が悲しみと苦痛と死の道を一掃するために、先に涙を流され、血と汗を流してこられたことを知って、きょう皆さんは、そのみ旨を身代わりしなければなりません。神様が死の場に行かれてはいけません。

今まで神様は、最後の死の場、最後の涙を流す場、最後の血と汗を流す場に、私たちの先祖を立てられました。このようにされたのは、神様に愛がないからではありません。そのような場を解消するために、神様もそれ以上の痛みを感じなければなりませんでした。愛する子女が死ぬその瞬間、父母の心情はどれほど苦痛であり、愛する子女が苦痛を受けるのを見つめる父母の心情は、どれほど痛むでしょうか。自分が死ぬよりも痛むというのです。人類の歴史が始まって以来、このような苦痛を受けてこられた神様であられるのです。私たちは、一代を中心として一度苦痛を受けて倒れれば、私たちの責任はすべて終えることができますが、神様は、今まで私たちのたくさんの先祖たちが死の道を行くたびに、涙の道を行くたびに、血と汗を流す道を行くたびに、悲しみと苦痛の道を行くたびに、激しい苦痛を受けてこられました。

私たちの先祖が、摂理を中心として、時代的な責任を背負ったときに、公的な立場で天と地と人類のために自らの命を投げ出し、自らの血と汗と涙をまいていたとすれば、すべてのことが解決されていたでしょう。ですから、今日の私たち統一教会も、父母の心情と僕《しもべ》の体をもち、このような目標に向かって従っていこうとするのです。そして、皆さんをどのような場に立てようとするのかというと、父母に従っていく子女の立場に立てようとするのです。神様がそのような苦労をされたので、今日、私たちは、その苦労を相続し、この地上で蕩減《とうげん》復帰しなければならない責任をもっているのです。

統一の道に因縁を結んでいるがゆえに、この道を中心として行く道は、涙の道であり、血と汗の道です。神様の悲しい事情に対するときは、涙なくして対することができず、悲惨なその消息に対するときは、血が逆流せざるを得ません。先生は、自分の血と肉が尽きることがあっても、神様のその悲しみを解消するためには、何でもすべてしてあげたいと思うのです。数千万の弟子たちを犠牲にしてでも、そのみ旨を成すためには、何でもしようとするのです。

だからといって、皆さんを愛していないのではありません。愛しているがゆえに、今日の統一教会を中心として、皆さんを僕《しもべ》として涙と血と汗を流すようにさせ、養子として、あるいは直系の子女として歩んでいくようにしているのです。直系の子女として、死の場を躊《ちゅう》躇《ちょ》せずに行くことができる人になってこそ、来られるその方の実体的な十字架の路程を代わりに受け持つことができるのです。今まで神様が私たちの先祖を立てて蕩減《とうげん》復帰の使命を果たすようにしたのと同様に、実体的な真《まこと》の父母にも、愛する子女を立てて世界的な蕩減路程を開拓すべき使命が残っています。ですから、一つの民族が完全に復帰される時までは、このことを継続しなければなりません。(一四―二四四)

第六節　怨讐《おんしゅう》を愛する

太初には、神様とアダムとエバ、そして天使長がいました。ここでアダムとエバは子女であり、天使長は僕です。神様は、人間を造る前に天使長を愛されました。その愛する基準はどこまででしょうか。人間が完成し、神様の愛をそっくりそのまま相続する時までです。その時までは愛を受けるというのが天使長の権限でした。その時まで、天使長は、愛を受ける権限があったのです。神様の懐で愛を受け、忠誠を尽くす忠臣にならなければなりません。そして、アダムとエバは孝行の道を行かなければなりません。

それでは、人間が完成し、神様の愛を完全に相続するときまで、神様が天使長を愛しましたか、愛することができませんでしたか。できなかったでしょう?　できなかったので、天使長には神様から愛を受け得る条件があるでしょうか、ないでしょうか。あるというのです。それで、「愛を完全に受けるまでは、私にほかの法を教えることはできない」と言うことができるのです。「自分が受けるべき愛を受けられなかった」と言うのです。このように、天使長にも愛を受けられなかった恨《ハン》が残っているのです。

神様の愛だけを受けられなかったのではありません。天使長が神様の息子である人間の愛を受けてみましたか。アダムが神様の息子ならば、彼は神様の代身です。そのように見れば、天使長は神様の僕《しもべ》なので、神様の息子である人間にとっても天使長は僕です。それでは、いつ人間が僕を愛したでしょうか。愛しましたか、愛することができませんでしたか。絶対にできなかったというのです。したがって、人間がサタンを愛したという条件を立てなければ、絶対に通過することができないのです。分かりますか。

このような問題が引っ掛かっているので、これを果たすまでは、サタンを思いどおりに主管することはできません。ですから、打つことができないのです。これを解ける人が現れなかったので、このように悪の世界が六千年間も延長したということを、皆さんは知らなければなりません。

神様の摂理を成し遂げるにおいて、アダムの立場はアベルであり、天使長の立場はカインです。ですから、神様の息子、娘になって天上世界に帰るためには、アベルとしてカインを絶対的に愛したという条件を立てなければなりません。そのようにしなければ、天上世界に入っていくことはできないのです。これが公式です。今日まで、数多くの宗教がこの問題を知らずにいたのです。（三四―二七三）

神様は、怨讐《おんしゅう》に対して剣《つるぎ》を振りかざさなければなりませんか、許さなければなりませんか。許すのは簡単なことでしょうか。皆さんが怨讐に対するとき、心はどうですか。言葉が出るでしょうか、でないでしょうか。胸が詰まるのです。自分の息子、娘を奪って殺した者であり、内外の世界をすべてめちゃくちゃにしてしまったのです。ところが、そのような怨讐に対しても、そのようなことがなかったかのように対さなければならない立場にいらっしゃる方が神様です。そのように対さなければならないのです。怨讐になったことがないかのように考えなければ、救いの役事ができないのです。怨讐ではないかのように対さなければ、許したという立場に立つことができません。そのようなところから「怨讐を愛しなさい」という言葉が出てくるようになったのです。ですから、怨讐を愛さなければなりません。歴史になかった新しい法度《はっと》が初めて出てきたのです。(二七―六五)

怨讐を許すにおいて、何をもって許してあげるのでしょうか。剣で許すことができますか。できません。神様は、創造過程に入り込み、宇宙全体の数千万の存在を一度に破壊させたサタンを許されました。夢にも考えることができない怨讐であるにもかかわらず、許されたのです。それだけでなく、愛さなければならないのですが、どの程度愛さなければならないのでしょうか。怨讐になっていなかった時に愛した、それ以上に愛さなければならないのです。

神様が昔アダムとエバに対した愛の心の基準では、復帰することができません。怨讐の子女になったので、堕落する前にアダムとエバを愛していたその心の基準で救うことができるでしょうか。それでは救えません。アダムとエバを愛した以上に怨讐《おんしゅう》を愛し、怨讐の子女を自分の子女に対する以上の心で愛する動機をもたなければならないのです。

ですから、怨讐を愛さなければ天の国に行くことができません。神様の息子、娘になろうとすれば、そのような峠を越え、その心の世界の同行者となり、その心は神様の代弁者となり、真理とみ旨を中心として闘い、実績を残さなければならないのです。(二七—六五)

この目は、何を見るためにできたのでしょうか。愛するものを見るためにできたのです。また、耳は、何を聞くためにできたのでしょうか。愛の言葉を聞くためです。鼻は、何のためでしょうか。愛するものの香りをかぐためです。口は、何のためでしょうか。愛するものを食べるためです。それでは、私は、何のためでしょうか。愛するために生まれたのです。このように考えてみてください。どれほど幸福でしょうか。どれほど気分が良いでしょうか。

ですから、音楽を聴いても何の音を聞いても、すべてこのような観点を皆さんが生活化し、関係化し、全体化すれば、理想世界はこの愛によって私から成されていくということを、はっきりと知らなければなりません。私から愛の天国ができるのです。(六七—一六二)

先生は、天命に従ってきたので、死のうとしても死ぬことができず、この道を行くまいとしても行かざるを得ませんでした。手足を広げて昼寝できるその日まで、忍耐することを生活哲学としてきました。しかし、単純に忍耐することだけで終わるのではなく、悲しい生涯の恨《ハン》を解き、悪から脱皮して善の起源を創設するために、大道《たいどう》の原則を指導してきました。ですから、皆さんは、統一の名を現して、永遠に輝かせ得る伝統の基台を立て、天地のために、涙なら涙を流し、血と汗なら血と汗を流し、血と涙なら血と涙を流し、天地を抱き抱えて因縁を結び得る一生を生きなければなりません。これが統一の兄弟姉妹の生活哲学です。

(二一一―一六五)

皆さんは、心情世界の開拓者にならなければなりません。その開拓者が行く道は、克服と忍耐だけがあるのです。それが生活哲学です。そのような立場は誰も理解できません。困難でつらい立場です。疲労困憊《こんぱい》するほどつらいときが多いのです。しかし、「私一人が倒れるのはかまいませんが、お父様！　この地上に私のような人でもいなければ、お父様がどれほどかわいそうでしょうか。私が第一の希望になれないとき、第二、第三の希望となれるそのような息子、娘がいないことを感じれば感じるほど、お父様がどれほどかわいそうな方であられるかが分かります」と考えなければなりません。皆さんは、そのような心をもたなければ

ばならないのです。ですから、統一教会という新しい宗教を中心として、開拓者の旗を立てなければなりません。(三一―五四)

どこまで忍耐しなければならないのかというと、最後まで忍耐しなければなりません。ですから、神様は、六千年間忍耐してこられた方です。その方が誰だというのですか。私たちのお父様です。私たちは、そのお父様の天稟《てんぴん》と血肉を受け継いだので、そのお父様のようにならなければなりません。ですから、堕落した世界においての生活哲学は、忍耐する、ということでなければならないのです。誰のためですか。神様のためです。ここから孝の道理が始まるのであり、忠の道理が始まります。ここから、国も世界も、解放の運動が展開するのです。(四四―二七)

天は父母であり、地は子女です。父母は子女のために、子女が分別がつくまで育ててあげるのです。分別がつかないので育ててあげるのですが、その子女が分別がつくようになってからは、父母の責任を代わりに果たすようにさせるのです。父母の前に本当の孝子になろうとすれば、父母が死ぬ前に、父母のために命を捧げなければなりません。そうしてこそ真《まこと》の孝子です。一人の王がいれば、その王の前に命を捧げなければなりません。それが忠臣です。

それでは、孝子の中でも、本当の孝子は誰でしょうか。若い青春時代に父母に孝行して死んでいった人と、生涯老いて死ぬまで孝行した人と、どちらの人が立派でしょうか。命を捧げて孝行した人が立派なのです。このようなことを考えてみるとき、心情世界では、死のうとする者が生きるというのです。逆理を中心とする摂理観的な立場から見るとき、その話は当然の話であり、世界史的で革命的な表現であることを、皆さんは知らなければなりません。（五一―四〇）

神様の戦略、戦術とは何でしょうか。打たれて奪ってくるという作戦です。これを皆さんの生活哲学にすれば、どこに行っても環境を収拾することができ、主人になることができます。神様の戦略、戦術が打たれて奪ってくることですが、損害賠償まで請求し、それをもらってくるのです。悪魔は、打って屈服させせようとしますが、たたけば自分が滅びるのです。（二四五―三六）

文《ムン》総裁は、戦ったでしょうか、戦わなかったでしょうか。私は戦いませんでした。神様の創造理想には、打つという論理がありません。創造理想の中には、怨讐《おんしゅう》視してむちを打つという、このような理論がありません。ですから、神様も、打たれて奪う作戦をしてこられました。神様とサタンの戦略の違いとは何かというと、神様は、打たれて奪ってくるのであり、サタンは、打って損害賠償まで加重して弁償するのです。

ですから、文《ムン》総裁が世界的な迫害を受けたのですが、神様の戦略、戦術により、打たれて発展してきたのです。打たれて発展してきました。今まで、統一教会のなぞとは何かというと、文総裁が世界的な反対を受けながら、このように世界的な伝統基盤、世界が驚くほどの基盤を築いたことです。これは、神様の戦略、戦術法に従ってこのようになったのです。善なる立場で打たれれば、必ず損害賠償を受けるのです。(三〇二―二一八)

第七節　共に暮らす

家庭があれば、まず父母に侍り、その次に妻子を従える生活をします。私たちは、そのような家庭を中心として生きているのです。それでは、真《まこと》の意味において、「私たちは、家族と共に暮らしたい」と言える人がどのくらいいるでしょうか。さらには、私たちの大韓民国を中心として考えてみたとき、一人の主権者を父母の代身として侍り、全国民が「私たちは、あなたと本当に共に暮らしたい」と言える国民あるいは国家の指導者が、どのくらいいるでしょうか。また範囲を広げて世界的に拡大し、この世界を中心として一つのある中心存在が決められ、その中心存在に対して、「私たちは、本当に彼と共に暮らしたい」と言える世界とは、果たして可能でしょうか。それが問題です。

さらに一歩進んで、大宇宙を創造した神様がいらっしゃるとすれば、神様と今日のすべての被造世界はもちろん、過去、現在、未来の人間がみな「私たちは、本当に共に暮らしたい」と言えるそのような世界になっているでしょうか。これが一つのなぞであり、人生の命題であり、また私たちが宿命的に望んでいる希望ではないでしょうか。

では、そのような命題において、再び自分自身に戻ってみて、「私は家族と共に暮らしたくない」と思うことがあれば問題なのです。「あなたは父母と一族に侍りたいと思いましたか」と尋ねられたとき、「生まれてから死ぬまでの生活と、生涯路程を通してそうでした」と答えられる家庭があるとすれば、その家庭は、世界的な模範として追慕され、記念されるべき代表者となるでしょう。

父親であれば父親として、母親であれば母親として、父母がそのように生活の中心になって共に暮らす家庭は、本当に幸せな家庭ではないでしょうか。自分とは直接関係のない問題のようですが、これは、私とあなたとの生活舞台において、必然的な運命として受け入れなければならない現実問題です。このような運命的な生活を営んでいく自分自身が、それに対して責任を取り得る資質をもっているかどうかは、深刻な問題です。

十人の家族と一緒に暮らす場合、十人の家族全員が「彼は本当に共に暮らしたい人である」と言うならば、その人は十人の家族の生涯路程において、忘れられない尊敬と追慕の対象になれるのです。その人が兄であれば兄として、父母であれば父母として、姉であれば姉として、家族の心の深い所を占領できる主人公になるのではないでしょうか。

ですから、家庭では孝子を願っています。孝子とは何かというと、「父母と共にいつまでも暮らしたい」と願う子女なのです。では、生きる時には何を中心として生きるのかといえば、ここでの共通分母は、すなわち父母を愛することです。万古の歴史がどんなに変わるとしても、これを除いて変わることはありません。歴史も、この共通分母を中心として変わろうとするのであり、これを否定しつつ変わることは願わないのです。ですから孝子の伝統を受け継いだ人は、家庭から願われる人、すなわち共に暮らしたいと願われる人です。また、私たちの五官の感覚と深い心情の内面からも、共に暮らしたいと願われる、そのような人ではないかというのです。（一四八―二五五）

国を中心として、なぜ愛国者が必要なのでしょうか。いったい、愛国者とは何でしょうか。主権者とその統治下の国民がいる場合、国民と主権者は切り離そうとしても切り離すことができない、捨てようとしても捨てることができない関係になり、本当に共に暮らしたいという理想に向かってお互いが努力しながら生きるとき、国を愛するということは自然に実践されるでしょう。国家という共同体を中心に、主体と対象の関係で分けようとしても分けられず、永遠に共に暮らしたいという心をもって生活する代表者が愛国者なのです。心の中に主権国家の意思と願いと誇りをもって生活するそのような人にこそ、「愛国者」という称号をつけられるのではないでしょうか。

もう少し範囲を広げてみれば、歴史上には聖人たちがいます。聖人とはいったい何かというと、すべて宗教の教祖たちです。例を挙げれば、釈迦《しゃか》、イエス、あるいは孔子、ムハンマド（マホメット）、その四大聖人は、神様を中心とする教祖の役割を果たして「聖人」という称号をもっています。では、その教祖たちがもっている内容とは何でしょうか。それは神様がいらっしゃるとすれば、その神様と共に暮らしたいと願っていたということです。神様を知って、神様によって治められる人類が存在しているというとき、その人類と共に暮らしたいと願った人々が、すなわち彼らなのです。「私たちは、本当に共に暮らしたい」と言う、その代表的な生活と生涯の路程をたどっていった人たちが彼らではないでしょうか。

さらに、統一教会では、「聖子《せいし》」ということを言っています。その聖子とは、いったい何でしょうか。聖人と言いますが、聖人自身も神様に対してはっきりと知ることができません。神様が人格的な神で、私たちの生活の理想の表象になるという具体的な内容をよく知らないというのです。

その次に、聖子とはどんな方かというと、万有の存在であり、万軍の主としてすべての主権者の総帥《そうすい》の立場であり、天宙の中心存在としていらっしゃるのです。彼がいる所には天法があると同時に、その王宮の法度《はっと》があるはずです。

聖子とは、もちろん天法を中心としてすべてのことを履行《りこう》するということは言うまでもありませんが、王に仕えるということにおいて、王宮の法度どおりの生活をしなければなりません。王宮の法を中心として生活しながら、ついには法度を越えたところで王と共に永遠に暮らしたいと願い、王もその息子なしには生きていくことができず、永遠に共に暮らしたいと思う、そのような立場に立った人こそ、正に聖子なのです。

それでは、このように人間はいかに生きるべきか、あるいは私たちの人生航路はどう行くべきかを考えてみたとき、孝子が行く道、忠臣が行く道、聖人が行く道、聖子が行く道には、共通の根本的骨子があるはずです。それこそ、永遠に共に暮らしたいと願う心なのです。上下、前後、左右を問わず共にいたいと思い、昼夜を越えて、生涯を越えて、共に暮らしたいと願う心があふれてくる、そのような生き方ではないか、という結論に至ります。（一四八―二五八）

真《まこと》の愛とは、いったい何でしょうか。それは、きょうの話の「私たちは、共に暮らしたい」という心であり、その生活なのです。「私は、これほどあなたたちを大事にしているのに、あなたたちは逃げていくのですか」と、遠いあの山を越えて逃げていくその人をしのびながら涙ぐみ、幸福な春の日が来ることを祈りながら、心情の絆《きずな》を切らずに生きている人は、不幸な人ではありません。私たちは、そのような人にならなければなりません。そのように生きて、この大韓民国の最も難しい問題や、アメリカの最も大きな難題を抱えつつ、あなたたちの苦しみと悲しみの根源に私が責任をもち、あなたたち以上に涙する心の道、実践の道を探してみよう、これがレバレンド・ムーンの主義なのです。

一言の言葉でも共に交わしつつ、悲しいことがあれば共に悲しみ、良いことがあれば共に喜び、夜十二時が過ぎても、一時、二時になるまで共に過ごすのも普通です。妻が「もう七十歳近くになったのに大丈夫ですか」と、心配しますが、天理の行く道がそうなのですから、この道に従っていきながら、この道で倒れてもよいと思っているのです。（二四八―二六六）

レバレンド・ムーンの生活哲学は、特別なことではありません。ある村へ訪ねていけば、私はその村の歴史と共に生きたいと思うのです。おじいさんに会えば、夜を明かしながら過去の話をよく聞いてあげます。そして、その時代と現実について、眠らないでよく聞いてあげるのです。「未来の希望は何ですか」、「どのような心配がありますか」と尋ねながら、その村、その家庭の未来に対して二人で話をすれば、その後は、自分の息子や娘、あるいはその村の有名な誰よりも、私と向かい合って話したくて、共に暮らそうとするのです。

そのように生きて、今、私は世界的な人物になったのです。もちろん行くべき道はまだまだ残っています。これから統一を成し遂げるには、知識や力だけをもってしてはできません。だからといって、これらは一切いらないと否定するわけではありません。すべて必要ですが、それよりもまず、その知識世界の専門分野につながっている年上の人や年下の人と共に暮ら

したいと願う心が、それ以上に重要なのです。（一四八―二七一）

家庭盟誓《カヂョンメンセ》を唱えることができるようになったという事実は、歴史上、驚くべき時代だというのです。今までは、個人主義的生活をしてきましたが、家庭主義的生活に移っていくのです。自分一人ではありません。夫が行けば、すぐに妻がついていくのです。夫婦が自動的についていていく生活をしなければなりません。別れてはいけません。いつでも統一された同じ生活圏内で暮らす生活をしなければならないのです。そのようにしなければ、家庭盟誓のとおりに成されません。家庭盟誓は、必ず成し遂げなければなりません。（二六〇―三〇九）

第八節　感謝する生活

宗教の本質は、感謝することです。それで、サタンを防御するための一番重要で緊急な要件を挙げなさいといえば、「感謝することだ」というのです。その次に、満足することです。イエス様は、この二つの問題で無難に合格したので、神様はイエス様にメシヤの名称を与えざるを得なかったのです。そして、イエス様は十字架で亡くなりましたが、復活の権限を現されました。ですから、その時から喜びの世界と歴史的な新しい希望の朝が訪ねてくるのです。

しかし、世俗的に見ればイエス様はどうだったでしょうか。不幸な人の代表者であり、不満を言おうとすれば、誰よりも不満を言うことができる人であり、不平を言おうとすれば、誰よりも不平を言うことができる人であり、「良くない」と言おうとすれば、誰よりも「良くない」と言うことができる人であり、悲しもうとすれば、誰よりも悲しむことができる人だったのです。それでも、イエス様は、ゲッセマネの園で「わが父よ、もしできることでしたらどうか、この杯をわたしから過ぎ去らせてください。しかし、わたしの思いのままにではなく、みこころのままになさって下さい」（マタイ二六・三九）と三度も祈祷しました。

ここで「克服」という言葉が成立したのです。

それでは、この罪悪の世の中にいる私を、何がそこから移動させせないようにしているのでしょうか。それは不平不満です。このような不幸の与件がこの社会を覆っています。これが、死亡の世界を越えていくにおいて私たちが征服すべき一つの必須的な戦場であることを、皆さんは知らなければなりません。それで、大勢の宗教者たちが闘ってきたのです。その闘いがまだ終わっていないので、この世界は明るくなっていかないのです。この闘いに勝利し、勝利の王者だと自信をもって出ていけなかったので、この悪の世の中に、神様が願われる理念的な生活体制をもたらすことができないのです。ですから、歴史は今、悪の歴史が連続しているという事実を私たちは知らなければなりません。（一七―一八）

今まで神様が苦労されたのは、結局私のためであり、今から行くべき世界的な開拓路程の九五パーセントの使命も、私のためにしていらっしゃることを考えれば、私たちは神様に感謝せざるを得ません。

ですから、信仰生活の本質とは何でしょうか。神様に感謝する心です。そのような心があれば、それが、堕落の因縁を越えて神様と私が一つの因縁で結ばれる基《もとい》になるのです。

自分がこの世の中で良い立場に立って、初めて感謝しなければならないのですか。違います。今まで神様は、良い時だけ私たちのために苦労してこられたのではありません。困難な時であるほど、より苦労することを誓われたのです。ですから、今日の私たち自身も、神様を私の父として侍るためには、私の代わりに働かれ闘ってこられた神様に、良い立場で感謝することよりも、困難な立場でより一層感謝しなければなりません。したがって、深刻な十字架の途上でも神様に感謝できるというのは、このような原則を理解するときに可能なのです。

この地に生きる数多くの人たちの中で、神様に感謝を捧げることに対して、本当の意味で近い距離にいる人とは誰でしょうか。文明国家や文化生活をする社会で受難の道を行く人たちよりも、低開発国の劣悪な生活環境の中で受難の道を行く運命にありながらも神様に侍って生活する人です。そのような所でも神様に侍って暮らす人がいれば、彼は不幸な人ではありません。そこで神様との心情的な因縁が結ばれるのです。

喜びと悲しみの涙が行き交い、その涙が残る所は、遊び回る所でつくられるのではありません。血を流して悲惨に死んでいく所でつくられるのです。言葉なく凄惨《せいさん》な姿で相まみえる所や、涙が交差する所でも感謝するとき、神様と因縁が結ばれるのです。新しい革命の烽火《ほうか》も、新しい革新運動も、歴史を中心としてそのような所でつづられてきました。ですから、私たちも、神様に感謝する所を訪ねていくときは、私たちが今生活している基準以上の所で

感謝するよりも、その基準以下の所で感謝できる勇気がなければなりません。（二九─三三八）

感謝する生活をどのようにするのでしょうか。皆さんは、常に万物に対しています。そして、その万物で自分の息子、娘を育てようという考えをもっています。しかし、その万物で国を生かそう、世界を生かそうと考えなければなりません。万物に対するとき、その万物が小さくても、世界のために与えようと考えて精誠を尽くす人と、その万物を握って自分の息子、娘のために残してあげようとする人を神様が御覧になるとき、どのように思われるでしょうか。善は、必ず公的な立場であることを知らなければなりません。

一寸の土地でも、これを称して「私の財産だ」と言うことはできません。すべて神様からもらったのです。いくら小さなものだとしても、神様からもらったので、神様に再びお返ししなければなりません。そのようにするとき、歴史が実っていくのです。もらったとおりに与える人にならなければなりません。そのような人たちの世界にならなければ、この地は天国になりません。

一日二十四時間の生活圏内で、私が見て聞いたすべてのことは、何のために見て聞いたのでしょうか。神様のためです。神様のために見て聞かなければなりません。また、感じることも、神様のために感じなければなりません。私たちは、地上で生活していますが、天上世界の生活と連結させて生活しなければなりません。そのように生活できない人は、天上世界を体得できないのです。

孝子は、父母の愛に連結させる生活をたくさんしたので孝子という名前がつくのであり、忠臣とは、自分の生活のすべてを国と一体化させるために、多くの努力をしたので忠臣という名前を受けるようになるのです。これを知らなければなりません。

皆さんが一つの万物をやり取りするとき、世界のものとしてやり取りしなければなりません。このような事実を皆さんの生活の中で、どれほど感じ、体得して暮らしていますか。皆さんの中のある人は、「ああ！ 私は統一教会を何十年信じたのに、教会を信じてこのようにかわいそうな立場になった」と考えていますが、それは間違った考えです。

皆さんは、誰のために与えるのですか。また、誰のためにもらうのですか。神様のために与えなければならず、神様のためにもらわなければなりません。神様のためにもらったので、神様のために与えなければならないのです。神様のために与えたのですから、自分のためにもらおうと考えてはいけません。（三五―二八三）

神様は、人間創造以降、歴史始まって以来、一度として喜んでみることができませんでした。私たち統一教会の人たちは、神様を苦労させようとしてこのように集まったのですか、喜ばせようとして集まったのですか。喜ばせようとして集まったのですか、悲しませようとして集まったのですか。喜ばせてあげるためです。

それでは、喜ばせてあげようとすれば、どのようにしなければなりませんか。泣いて暮らさなければなりませんか、笑って暮らさなければなりませんか。笑って暮らさなければなりません。神様のために生きようとすれば、笑って暮らさなければならないという結論が出てくるのです。

アダムとエバが神様に侍って暮らしていたエデンの園で、神様のために笑って暮らし、神様と共に相談して暮らさなければならなかったのですが、笑うことができず、相談できなかったことが堕落の動機になった、ということを皆さんは知らなければなりません。ですから、宗教者は、感謝の生活を中心とする所で神様と出会うことができるのです。不平不満を言う所では絶対に神様に出会えない、ということを知らなければなりません。（七五―一二八）

神様は、私を救う立場にいらっしゃるので、私よりももっとかわいそうな方です。私よりも神様がもっとかわいそうな立場にいらっしゃるのです。子女が父母の前で死んでいくとすれば、当然子女もかわいそうですが、その子女を見つめる父母はもっとかわいそうです。もし子女が、死んでいく場でも、父母を慰労し、父母に無限の感謝を捧げて孝を尽くしたとすれば、父母の悲しみ、父母の苦痛、父母の悲惨さを埋めることができるのです。

それと同じように、神様と私を中心として見てみるときも、私よりもっとかわいそうな方が神様ではないでしょうか。いつ神様が私に感謝できる日があるのでしょうか。神様が私に感謝できる日をもてなければ、私たちがいくら神様に感謝を捧げたとしても、それは私だけで終わる感謝であって、神様と一つの目的を中心とする感謝として実を結ぶものではありません。

それでは、私よりも神様が感謝できるのは、どのような所でしょうか。それは孝行する所しかありません。では、その孝行するとは、どういうことでしょうか。父母が悲しむことに対して、子女が先に悲しむということです。その時に父母は、その子女を無限の希望の実体、自分のすべての命を身代わりする価値の存在として立てたい、と思うのです。そのように思いながら、父母は子女に感謝します。環境が困難であればあるほど、父母はそれ以上の感謝を感じるのです。

私たちが生活する一日の朝、昼、夕、夜を季節で見れば、春夏秋冬を縮小させたものです。朝は春に該当し、昼は夏に該当し、夕は秋に該当し、夜は冬に該当します。このように、一年の四季に代わるこの一日をどのように生活すれば、お父様が私に感謝できる生活になるのでしょうか。それは、私たちがお父様に対する孝の道理を果たし、忠の道理を果たすことではないでしょうか。

このような立場で、私たちは、早朝に起きれば、「人類を身代わりした存在である私の一日の生活が、お父様の前に感謝の実体になるようにしてください」と祈祷しながら、花咲く春の季節のように自由な園で、お父様が私を立てて摂理なさることができる希望の実体になろうと考えるのです。昼になって職場に出ていれば、希望の結実体が育つ夏の季節のように、自分がもう一歩発展し、神様が共にいることのできる価値をもった存在になろうと考えなければなりません。また、夕方になれば、全体を集約させた一つの結実をお父様の前に捧げる秋の季節のような時なので、祭物になれる立場に立とうと考え、冬の季節に該当する夜には、生命力を備えて神様と内在的な父子の因縁を結び、すべての気を受け入れる自分になろうと考えなければなりません。そのように、一年三百六十五日を勝利の日にしながら感謝する生活をする人がいるとすれば、その人は、父と関係を結んで暮らす生活をしている人です。そのような人は、間違いなく一生を感謝する生活で送ることができるのです。このような人が、死の場においても、神様に感謝する心が残るのです。

一日をそのように生きなければならず、一年をそのように生きなければならず、私たちの一生も、そのように生きなければなりません。私たちの一生にも、少年時代、青年時代、壮年時代、老年時代があります。これは、一日の朝、昼、夕、夜、一年の春夏秋冬と同じです。

ですから、一生をそのように生きていった人であってこそ、神様が人間を創造されたその創造本然の目的に合格した、一つの勝利的実体になるのです。（二九―三三八）

第三章　自然から学ぶ生活哲学

第一節　自然は真《まこと》の愛の教材

今日、私たちは、この万物世界、被造世界の原理と法則、公理と公式を解明するために努力する分野が科学であることを知っています。そして、自然の中に深く隠れている情緒的な分野を表したのが文学です。自然に表れていたり隠されている美しさを、ある形態で構成し、表現したものが芸術です。そして、自然の根本道理を解明しようとする分野が哲学です。そして、このような段階の上にあるのが宗教です。

それでは、真の宗教と宗教家が解明するものがあるとすれば、それは何でしょうか。それは、自然の中の深い所に流れている情的な内容を解明することです。そのような責任を宗教が担わなければならない、と見るのです。

人類の文化は、自然を抜きにしては考えることができません。自然から離れた人類文化は、語ることができないのです。人間がいくら堂々とその威勢を誇り、権勢を享受したとしても、自然を無視すれば、そのすべてのものが成立しません。

このように、私たちの生活を価値あるものにしてくれるのが自然であり、私たちの生涯において必ず必要なものが自然なのです。ですから、自然万象に流れている心情を感じられる人になれなければ、真《まこと》の幸福を享受することはできず、天と因縁を結び得る栄光の位置に出ていくことはできません。（六―二四〇）

存在するすべての鉱物、植物、動物は、何を根源としてつくられたのでしょうか。それらの生命自体を見て喜ぶためではありません。その根源は、どこまでも真の愛を模倣したのです。真の愛を中心として、あるものは東方何度の位置に存在し、またあるものは上下、前後のある位置に存在する立場で、愛の象徴的、形象的な実体として展開されたのです。（一七八―二三九）

この宇宙を見るとき、愛で見るのです。そして、「いやあ！　鉱物世界も愛を語り、愛の歌を歌うのだなあ」と考えるのです。このように考えれば、どれほど素晴らしいでしょうか。事実、そうなのです。霊的に見れば、岩が語り、歌を歌うのです。地が語り、歌を歌います。何のためにですか。神様がつくられた愛の理想を求めていくためであり、愛の理想を完成するためです。低いレベルでも、愛が慕わしくて歌を歌い、愛を求めて永遠に運動するのです。ですから、このすべての自然は、人間のアダムとエバが理想的な愛を行うことができる愛の標本物であり、愛を教示する教材なのです。そのような自然博物館だという事実を知らなけ

ればなりません。愛を教えてあげるための博物館です。（一三一―一二五）

愛の心情をもって万物を愛さなければなりません。このような心情をもっていけば、皆さんが行く所には、どこでも神様が共にいらっしゃるのです。また、神様が共にいらっしゃることによって発展するのです。すべてのものが神様のみ旨にかなった結果として復帰されるという信念をもって対すれば、皆さんには、いつでも成功できる道が開かれるのです。

皆さんは、原理を知っているので、神様の愛と父母の愛と子女の愛、これが統一された愛の主体として万宇宙に対するようになれば、どこに行っても、この地に天国を成すことができるのであり、あの世界に行っても、天国に行くようになるのです。愛のために生まれ、愛のために行き来するというのが原則なので、その原則に従うことを順理と考える人は、すべての道に通じ、いくら犠牲になっても、その犠牲を支配できるのであり、死が訪れても、その死がその人を支配することはできず、その人を敗者にできないのは間違いのない事実です。イエス様の復活も、そこから起きたのです。（六七―六二）

すべての万物世界は、お互いに愛し合っています。動物たちを見ても、昆虫を見ても、植物を見ても、鉱物世界を見ても、すべて同じです。お互いが相対を中心として、歌を歌い、踊り、飛び、這《は》っています。このようなすべてのものを見つめながら、「あれは何をしているのだろう」と考え、学ぶのです。自然は、アダムを教育できる博物館です。アダムを教育し得る生きた教科書なのです。そして、じっと見てみると、お互いが一つになり、あとからおなかが大きくなって子供を産みます。そのようなものを見て、すべて学ぶのです。これは、どれほどおもしろいでしょうか。(一三四—一九四)

神様が趣味の世界を求めるのは、自然しかないことを知らなければなりません。神様の本然の趣味の世界を再探求し、再び感じることができる相対は自然しかないのです。様々な動物、様々な生き物をすべて愛する立場で暮らせば、神様の心情世界に近づいていくことができるのです。それで「自然を愛そう!」ということです。先生は、原理の八〇パーセント以上を自然から学びました。本当に自然を愛したのです。(二七八—一一七)

今から皆さんは、一株の草を見るとしても、神様の立場で見ることができなければならず、花を見つめるとしても、神様の心情を身代わりする立場、神様の心情に通じ得る立場で見つめなければなりません。昆虫や鳥、ある動物を見つめるときにも、神様の心情と因縁が結ばれる、そのような内的な感情を体得できなければなりません。そのような人がいれば、その人がある公式を定義として、つまり科学的な論理でそれを解明できなくても、あるいは文学的にその情緒を表現できなくても、あるいは芸術的にその美を表現できなくても、情緒的に愛を体恤《たいじゅつ》する力がなくても、その人は偉大な科学者であり、偉大な文学者であり、偉大な芸術家であり、偉大な哲学者であり、偉大な宗教家であるのは間違いありません。（六一―三四〇）

皆さんが生きるにおいて、自然がどれほど有り難く接してくれたでしょうか。皆さんがどれほど世話になったかというのです。どこかに行って水を一杯もらっても、「ありがとうございます。ありがとうございます」と、その恩徳を忘れることができず、三日間断食したあとに、おいしい朝食を接待されれば、それを忘れることができず、「ああ！　生前に訪ねていってその恩徳をお返ししよう」という習性をもっているのが私たち人間です。

皆さん、太陽の光に値段をつければ、どのくらいの値段になるでしょうか。その太陽の光を買うとすれば、いくら出さなければならないでしょうか。また、水を買うとすれば、どのくらい出さなければなりませんか。空気を買うとすれば、どのくらい出さなければなりませんか。食事を買おうとすれば、いくら出さなければなりませんか。コムタン（注：牛肉などを煮込んだスープ）は一食千ウォンですが、このようなことを考えれば、「ああ！　千ウォンなら安い」と、このように考えられるのです。御飯を食べながら、「これは高い、高い」とぶつぶつ言ってはいけません。

それがどれほど価値のあることかを考えてみてください。私の命は一時のものですが、この世界が存在するためには、太陽の光がなくてよいでしょうか。水がなくてよいでしょうか。空気がなくてよいでしょうか。なければ、すべて窒息して倒れてしまいます。それは、自然が私に与えてくれる愛の偉大な力であり、愛の偉大な供給を受けているということです。そのような手厚く温かい愛の保護圏内で私が生まれたのです。ですから、太陽が有り難く、空気が有り難く、食べて暮らす環境が有り難いのです。（一六六―二一二）

皆さん、水を見てください。水は、小さな穴さえあれば、入り込んで満たします。空気は、小さな穴さえあれば、いくら入らないようにしても、次から次へと入っていきます。大きな穴に腐敗した死骸《しがい》があってにおいがしても、水は、そこに入っていって満たすのです。流れていきながら、「あなたは出ていきなさい。私は嫌だ」と言いますか。万物の霊長ではない水でもそうだというのです。万物の霊長とは何ですか。「あなたは死んで、私は生きる」と言うのですか。そのような道理はありません。

順理どおりに動くのです。天地の度数に合わせなければならないのです。一度息を吸い込めば、吐き出すのも一度です。一度吸い込んだのに、三度吐き出すことができますか。三度も吐き出せません。そして、吸い込めば吐き出さなければなりません。授け受けしなければならないのです。そのように動いていくのです。

水は、すき間があれば入っていきます。空気も、すき間があれば入っていくのです。神様の愛はどうでしょうか。同じです。最も貴いのです。どこでも通らない所がありません。ですから、水と空気は生命の要素になっているのです。貴い位置に立っています。これを動かし、これをコントロールするのが愛です。愛は、骨髄まで浸透するのです。（二五八―五〇）

真《まこと》の愛を中心とする圏内では、どのような差別もありません。水や空気と同じです。愛の力は、水や空気と同じように、いつでも水平をつくるのです。水も、いつも水平をつくり、空気も、高気圧が低気圧に流れていって、いつでも水平をつくるのです。愛も同じです。愛は、すべてのものを平準化します。（二九四―三二八）

人間が立てば影ができ、影のない存在はありません。普通に太陽が出ている場合、影のない存在はないのです。その影は、立っている人に従って反対方向に長く、あるいは短くできます。ですから、影は、立っているものに対して常に水平になるようバランスを考えなければを、右側のものは左側のものを、上のものは下のものを、前のものは後ろのものを中心として考えなければなりません。「私は影のようなものは必要ない」と言えば、昼に太陽が出ている日は、歩くことができないばかりか、仕事もできませばなりません。高いものは低いものを、右側のものは左側のものを、上のものは下のものを、前のものは後ろのものを中心として考えなければなりません。「私は影のようなものは必要ない」と言えば、昼に太陽が出ている日は、歩くことができないばかりか、仕事もできません。存在の権限を表す、何の位置も得られなくなるのです。

表裏が一体になるとは、前が明るくなれば後ろが暗くなるということです。地球もそうでしょう？　夜と昼は、常に相反する立場に立っています。地球が回ることによって、平均と共通、平和を成すのです。その表裏一体とは、実体と影のようなものです。ですから、外に出て犠牲になろうと考えるようになるとき、宇宙全体が歴史を通して願った存在になるのであり、そのような人であってこそ、立派な人だといえるのです。このように自然の現象、自然の法則に生涯を捧げていく人は、自然自体が歓迎する人格になるのです。（二一三―二一七）

第二節　宇宙の公法

愛という観念が先でしょうか、実在が先でしょうか。愛のために人が生まれたのですか、人のために愛が生まれたのですか。愛のために男性と女性が生まれたのです。コンセプトと実在の問題は、人間の生活哲学の根本になるので、人間自体においてコンセプトを立てなければなりません。ですから、愛から男性と女性が生まれたという論理を立てなければならないのであって、男性と女性のために愛が生まれたという、そのような論理はあり得ないのです。（二三九—六四）

プラスとマイナスが授受する相対になっていて、プラスとマイナスの相対関係が成立しているときには、宇宙の公法が、天運が保護するようになっているのです。そのように相対的保護圏ができているのですが、ここにマイナスが来ることによってこれを破壊しようとするので、マイナスが来ればけ飛ばしてしまうのです。また、プラスが来ればけ飛ばしてしまいます。それは、反対する作用ではなく、保護するための作用です。相反《そうはん》作用ではありません。相補《そうほ》作用です。文《ムン》総裁は、これを生活哲学に利用して、今まで発展してきました。（二二一—二

六八

創造原理において、環境には、必ず主体と対象があり、その主体と対象は、ほかの主体と対象と一つになり、もう一つの主体と対象を成すのです。大きく発展するための対応的な相対圏を求めていく、というのが公式になっています。

この公式から外れては、大きくなれません。それが私たちの生活哲学にも、すべての事業哲学にも適用されるのです。事業をしようとすれば、必ず主体と対象の関係が一つにならなければなりません。その主体と対象の関係が事業的に一つになり、それがほかの主体と対象を中心として発展していくのです。その連係的発展の内容と方向の概念は、すべて同じです。

(二七九—六九)

高い所に上がっていけば低い所に下りていき、自分がうれしければ、泣いている人の友達になろうと考えるのです。笑ったあとには、泣く人の友達になろうとするというのです。それはなぜですか。相対世界では、いつでも、自分とは異なる主体や対象の立場を発見しなければならないからです。このように、生活哲学的な面ですべて理論的に展開するので、どの社会に行っても私は生き残れるのです。(二二〇—二四六)

神様は、環境に必ず主体と対象を設置されました。この設置されたものは、より大きなものを求めていくので、進化もこの原則によって行われるのです。アメーバがプラスとマイナスになっていれば、そのマイナスとプラスは、お互いに喜ぶのです。より大きなプラスの前に、より大きなマイナスの前に一つになれる素性《そせい》をもち、相対的要因として応じることができれば、その主体と対等な価値、対象と対等な価値の存在として永存することができます。それは保護されるのです。ここから生活哲学が出てきます。サタン世界での、神様の再創造哲学が出てくるのです。（二一九―四七）

反発作用は、悪いものではなく保護作用です。そのような作用があることによって、分解作用が遅くなります。ですから、それは、永久に保存できる立場を成立させてくれる作用にもなるのです。宇宙は、そのようになっています。したがって、相応が始まれば、相克《そうこく》作用が起きます。相克から始まるのではありません。相克からは、そのようなものは出てきません。しかし、相克作用がなければ、瓦解《がかい》してしまうのです。

私たちは何の痛みも感じることができませんが、一気圧、千十三ミリバール（ヘクトパスカル）という膨大な力が私たちの体を押しています。これが相克です。体自体は外に押し出す力が働いているのですが、気圧がそれを押し戻しているのです。このバランスによって永遠の安定値に立つことができます。そうではないですか。同じ道理です。

もし、気圧圏は必要ないと、それをなくしてしまえば、私たちの体は、すべて飛んでいってしまいます。真空状態になるので、骨であれ、水分であれ、何であれ、すべて飛んでいってしまうのです。私たちの体は、四分の三が水です。水の袋だというのです。それが、あいさつもせずに一度に飛んでいくのです。骨であれ何であれ、行く所まで行ってしまいます。

そのような反対作用は、結局、一つの完全なものを永久に保存するために絶対に必要な力であることを、皆さんは知らなければなりません。今日、共産主義者たちは、これを知らずにいます。ですから、「宇宙は、お互いが闘争することを目標として成り立っている」と言っています。「矛盾する存在同士が争って統一される」と言っているのです。そのような矛盾する論理は、根本的にあり得ません。これをはっきりと知らなければならないのです。(五七—九七)

皆さんが存在しようとすれば、皆さんの心と体が授受しなければなりません。心と体が関係を結び、ここで縦的な関係と横的な関係を結んで授受しなければなりません。その道がふさがってしまえば、病気になるのです。心と体が反発を起こせば、病気になります。私たちの体内の器官に欠陥があって病気になることもありますが、皆さんの精神と肉体の関係が反発すれば、やはり病気になるのです。

では、病気とは何でしょうか。宇宙の公法に一致化しなかったということです。宇宙の公法は、一致したものを吸収し、それを保護し、育成するようになっています。しかし、この公法と対峙《たいじ》すれば、対峙した基準だけ宇宙の力が押し出すのです。

病気になれば痛みがあります。なぜ痛むのでしょうか。宇宙の天法は、お互いに良く授受するものを保護し、育成するようになっているにもかかわらず、完全に授受できる環境的与件がふさがってしまったので、ふさがった部分が宇宙の公法によって除去されるのです。宇宙の力が押し出すので、押し出すその作用が苦痛として感じられるのです。（一五七—二六八）

私たち人間が良い道を求めていこうとすれば、独りでは行くことができません。相応関係を中心とする相対的関係を結び、お互いに歩調を合わせていかなければなりません。ですから、必ず男性と女性が一緒に行かなければならないのです。一つの目的に向かっていくにおいても、独りでは行くことができません。道を歩いていくときにも、二本の足がそれぞれ違う方向に行けば、どれほど大変ですか。ですから、歩くときにも、二本の足が一つの方向に向かっていかなければならないのです。宇宙の公法がそのようになっています。それでは、男性と女性が一緒に行くにおいて、朝に夜にけんかしながら、数時間だけ合わせていけばよいのでしょうか。それではいけません。最初から最後まで合わせなければなりません。ですから、宇宙の公法とは、男性と女性が最初から最後まで完全に一致して行く道であり、また、この道は、天運が行く道なのです。独りで行くのではなく、男性と女性が一致して、すなわち夫婦が一心となって行く道なのです。(二四―二一二)

胸が痛むほど悲しいときがありますが、それはなぜ悲しいのでしょうか。どのような力が私に作用して悲しいのでしょうか。それは、この宇宙の大運勢、生命力を左右できる宇宙の公法による作用のためであることを知らなければなりません。ですから、この公法に符合できずに反対になれば、除去されるようになるのです。宇宙の力は、押したりもし、引いたりもします。ここで反対方向に押し出す力が大きければ大きいほど、喜ぶことができないのです。

夫婦が一緒に暮らしていて、一人が先に亡くなれば悲しみます。それはなぜかというと、この宇宙の公法の基準に一致しないので、宇宙の公的な力がその人を押し出すようになって悲しみの強度が高まるからなのです。

それでは、喜びはどのように生じるのでしょうか。そのような宇宙の公法に一致するものになれば、宇宙の力がそれを抱こうとします。その力が大きければ大きいほど強く抱くようになり、強く抱けば抱くほど、それは、その内的な中心に入っていくようになるので、喜びが来るのです。ですから、悲しみと喜びは、どこから起きるのかというと、皆さん自身を中心として起きるのではありません。これは、力の法則、つまり宇宙の公法を中心として起きるのです。（二四―二一三）

私たちの良心の方向は、絶対的です。南と北に向かう力の作用が絶対的であるのと同じように、私たちの本心の作用は、いつも根源となる神様を中心としているのです。空の北極星は移動しないでしょう？　ちょうどそれと同じように、これは移動しないのです。これを中心として、私たちすべての人の心は、磁石のように、すべてこの方向を向くようになっています。

これと違う方向に行こうとすれば、すぐに良心に苦痛が来ます。良心に苦痛が来るのは、原則から離脱する時です。それは、誰がそのように苦痛をもたらすのでしょうか。父母がもたらすのではありません。宇宙の力が、自然の力がもたらすのです。この宇宙に意識があるというのです。意識的な運動をしているのです。（一六五―六六）

第三節　海

海には哲学がどれほどたくさんあるか知っていますか。陸地だけで暮らしていた人は、霊界に行って理想的な活動をするのに、相当に支障が多いのです。霊界に行けば、鯨《くじら》にも乗り、魚と一緒に泳いだりすることもできるのですが、海を好きにならなければ、それができません。（一一九―二五二）

谷間を流れる水は、方向がそれぞれ違います。南に流れたり、北に流れたり、それぞれ異なっています。しかし、それらがいつしか集まって川ができ、一つの大きな流れをつくって大海へと入っていきます。そして、その大海も無秩序なものではありません。大海自体にも流れがあり、五大洋が連結できるそれぞれの道に従って動いていることを、私たちは知っています。いくら大海でも、ほかの大海と連結しているのです。そのように、水の流れには、運命の道があります。そのような道が、今日の人生の道ではないかと思うのです。

一つの家でも、夫婦で考えが異なり、兄弟で考えが異なります。すべての考えが千態万状に異なりますが、最後には一つに収拾されると見るのです。（一一九―三一〇）

潮の流れとは何ですか。もちろん、この潮の流れは、月によっても生じるのですが、温度差によって、熱帯地方の水が寒帯地方に流れていくために生じるのです。ここ（アメリカ）はメキシコを中心として回り、東洋はフィリピンを中心として回っていきます。そして、それらが太平洋を中心として、黒潮という大きな流れを中心にお互いに連関関係を成して動くのです。これは、独りで動くのではありません。全世界の水は、すべてこの黒潮を中心に動いているのです。

このような潮の流れは、自分が行きたくないと思って、「ああ、私は行くのをやめる」と言うことができますか。その軌道を外れて自由に行動することはできないのです。

人類が繁殖していくにおいても同じです。自分が願おうと願うまいと、それは循環運動を通していくのです。年を取った人は本然の元素に戻り、また新しい人が生まれ、このように循環しながら発展し、大きくなっていくのです。ですから、存在するこのすべてのものは、自然法則、自然のすべての循環法則を通して、自分の限界圏内で各自がそれに従い、運動し、作用しながら存続していくのです。（二〇七―六二）

普通の人が広い海を見れば、水が流れ、どこに何があるかというようなことは考えないのです。青い水と水平線しか見えませんが、それは、必ず道に沿ってどこかに向かって回っています。一箇所にじっとしていれば、潮の満ち引きが二十四時間の間に二回あることも分かりません。しかし、限定された所ではそのように見えるかもしれませんが、全体を見てみれば、世界がすべて回っているのです。そのような潮の流れに従って、そこには魚類が交流しています。自分の道に従って生きているのです。

この魚類がどこにたくさん生息しているかというと、寒流と暖流が交差する所です。皆さんも知っている、世界的に有名な漁場《ぎょじょう》であるノルウェー近海やアラスカ近海、メキシコ近海は、すべて寒流と暖流が交差する地点です。そうではないですか。そして、海水に生息する魚類が卵を産むときは、そのまま海水に産むのではありません。淡水と合流する所で卵を産み、また、淡水に生息する大部分の魚類も、海水と合流する所に行って卵を産むのです。

このように見るとき、すべての歴史は本当におもしろいのです。そして、文化の発祥地を見ても、陸地と海が接する湾口《わんこう》や半島です。そのような所が、文明の発祥地になったのです。これも同じ道理です。古代文明の発祥地を見れば、大きな海や半島や大河に沿って文明が発達したということは、歴史的事実に間違いないのです。それはなぜでしょうか。お互いに合流するからです。合流の調和を通してすべてのものが形成されることを、私たちは知ることができます。

出会うまでの距離が近ければ近いほど、それは互いに刺激がありません。近ければ、お互いに理解できるものになりますが、出会うまでの距離が遠ければ遠いほど、そこでは大きな波動が起きるので、波でいえば高い波のような、山でいえば高い山のような、谷でいえば深い谷のような、そのような相対的な関係として合流が展開するのです。（九五―一一三）

すべての川は、大海に行くようになっています。しかし、皆さん、そこでは淡水と海水がぶつかります。それを知らなければなりません。淡水に生息していた魚が海水に入れば、死にます。ですから、それを調整しなければなりません。一週間なら一週間というその期間を通して、徐々に入っていくようにすれば、死なずにそのまま入っていくことができるのです。地上で暮らす人間たちは、淡水に生息する魚と同じですが、これがそのまま海水のような霊界に入っていけば、大変なことになるのです。それを調整することができません。それで、宗教が必要になってくるのです。宗教は、そのような霊的世界、海のような世界を迎えるための準備をするのです。地上世界の淡水から天上世界の海水に入っていくためには、淡水も経ていくことができ、海水も経ていくことができる修練過程が必要なのです。それが宗教生活です。ですから、宗教生活において、神霊的な体験がなければ、あの国に行って拍子を合わせることができないのです。（二五九―一八八）

世界に流れる川の水は、いずれ海に入っていくのです。一つの国は、一つの川の流れと同じです。大韓民国なら、これは、天の国という大きな海に入っていく川の中の一つです。それが大海に入っていくときには、すべてのものが一つにならなければなりません。アメリカから入ってきた水も、韓国から入ってきた水も、たった今まで死ぬか生きるかの闘いをしていた怨讐《おんしゅう》の国の水でも、すべて一つになるのです。怨讐の国同士の水が、「私たちは、陸地で怨讐だったから、一つにはなれない」とは言わないのです。すべて一つの所に流れていきます。（二五九―一八八）

皆さん、鮭《さけ》を見れば、鮭は卵を産んで死にます。卵を宿して産むためにする行動を見れば、その雄と雌は、死ぬ日が決まった死刑囚の立場で夫婦が愛する愛、それ以上の愛で愛しているのではないでしょうか。雌が卵を産めば、雄は地を掘って卵を保護してあげます。それこそ理想的な一双です。そして、卵を産むと二匹は死ぬのです。その父母の体は、子供のえさになります。そのようなことを見たとき、先生は本当に大きな衝撃を受けました。

創造主がいらっしゃるとすれば、なぜそのようにつくられたのでしょうか。それを見れば、子女がどれほど大切か、愛がどれほど大切かを知ることができます。愛が最高のものであり、子女が最高のものであることを見せてあげるための、一つの標本として鮭をつくられたという理論は、ごく当然な話です。命を捨ててでも、愛と子女のためには、行かなければならないのです。(一二八―二五九)

先生の好きなサーモン(salmon：鮭)の特性とは何かというと、自分が生まれた所に還故郷することができるということです。間違いなく自分が生まれた所に訪ねてくるのですが、それは、どのようにして訪ねてくるのでしょうか。五大洋を四千マイル以上旅行し、種類によって四年から六年目に再び戻ってくるのです。戻ってきてどうするのでしょうか。愛する相対の子女を宿して死んでいこうとするのです。

アラスカは寒帯地方です。水が冷たいので、普通の魚では生きることができません。ですから、卵を産んでから、その父母は子女に自分の肉を食べさせるのです。そこにはえさがありません。故郷を訪ねてきて愛の相対を迎え、そのようにして死んでいくのです。その公式は、千年、万年継続しています。これは何でしょうか。人間がそのように生きなければならないと、教えてあげる教材として登場したのです。(二五六―二三九)

皆さんも知っているように、サーモンは、五大洋を舞台に、四年から六年好きな所を泳ぎ回って故郷に戻ってくるのですが、雄と雌がペアになって一緒に海を泳ぐのではありません。時が来れば、雄が先に上がっていき、その次に雌が上がっていってそこで初めて出会うのです。そして、一つの所に雄と雌が集まり、統一教会の約婚式のようにしてペアになるのです。

そこで本当に不思議なことは、雄と雌が海にいるときは、大きさが少し違うだけで、姿形は同じです。これが相対を結ぶと、その雄は二週間以内に姿が変わるのです。それを見ると、これほど変化するのか、と思うほどです。淡水に上がってきてペアになれば、すぐに雄の姿が雄ライオンのようになります。見れば恐ろしいというのです。なぜそのように恐ろしくなるのでしょうか。それは雌を保護するためです。そしてまた、それ以上に卵を保護しなければならないからです。(二五九―一九八)

魚の中で、南方に棲《す》むある魚は、一双で暮らしていて、その一匹が死ぬと、もう一匹がえさを食べずに、あとを追って死んでいくのです。これを見るとき、「万物の霊長である人間は、それ以上にならなければならない」と思ったのです。そのようにすることができる男性と女性がいれば、幸福でしょうか、不幸でしょうか。死ぬとすればどうしますか。一緒に死ななければならないのですが、喜んで死にますか。愛は死の力を凌駕《りょうが》します。それが偉大なのです。(二五六―二三九)

海の中に汚いものが入ってくれば、それを魚が食べて浄化作用をします。水も浄化作用をしますが、いくつかの段階を経ながら、自然全体が協力して浄化作用を行い、海の水をきれいに保存するのです。海の底を見れば、鯨のようなものもいますが、ハリバット（halibut：ひらめ）のような魚がいて、キャットフィッシュ（catfish：なまず）のような魚が底にへばりついて生息しています。この魚は、口が体よりも大きく、頭も大きいのです。それは、腐るものが流れ込んでくれば、そのまま丸ごとのみ込んでしまいます。このようにして、浄化作用を休まずに行い、清掃作業をしているのです。食べることとそれ自体が清掃作業であることを知らなければなりません。彼らが生きるのは、自分の目的のためではなく、環境を整理しながら、周辺をすべてきれいにしながら互いに協力して生きているのです。それが自然の協助体制です。（二九三―二八三）

第四節　地

私たちの心は、我知らず山水が良い所を求めています。なぜでしょうか。それは、私にも分からないその何かが、深い所で因縁を結んでいるからです。自然に接するその瞬間、何かが感じられ、自らを回想し、深い心情の境地に浸るようになるのも、本来の因縁が再認識されるからです。もし人間が堕落しなかったならば、一株の草にも涙を流すことができ、愛する人や愛する友人のように感じることができ、創造主がその草をつくられるときに喜ばれた、その妙味《みょうみ》を体恤《たいじゅつ》することができたでしょう。そのような人間になっていたならば、堕落し、絶望し、悲しむ人生を生きることはありませんでした。（九一―一六）

皆さん、体の父母とは何かというと、地です。人として公認されるためには、どのようにしなければならないでしょうか。皆さんは父母を通して生まれました。ですから、父母の公認を受けなければなりません。地は皆さんの体の父母であり、そして、皆さんを生んでくれた父母がいて、また、本性の心の父母が真《まこと》の父母です。ですから、最初に地の公認を受けなければなりません。自然を愛さなければならないということです。地を愛せない人は、地の

ものを食べる資格がありません。（一五七―一七〇）

種は、肥沃《ひよく》な土地に植えなければなりません。その肥沃な土地をつくろうとすれば、肥料が必要です。ところが、肥料と種は関係がありますか。言い換えれば、種が肥料を好みますか。殻が破れて、初めて種が肥料を好むようになるのであって、破れるまでは、その種の気分がどれほど悪いか考えてみてください。種を肥料の間に植えたとすれば、どれほど気分が悪いでしょうか。しかし、殻が破れて種と肥料が調和を成すようになれば、それまでの悪い気分は消え去り、そこに命が芽生え始めるのです。私たち統一教会が行く道は、そのような道です。

ですから、地方に行って、困難な中で汗を流し、涙を流しながらこのような種を植えておこうというのです。そして、それを肥料として吸収して主体的な生命力をもつようになるときには、間違いなく、その村を覆って余りある大きな木に成長するのです。そのようになれば、神様のみ旨がその村にとどまるようになります。このように開墾《かいこん》し、環境を開拓していかなければなりません。（三三―三四一）

高い山があれば、深い谷があります。その深い谷の底には、いろいろなものが腐敗しているのですが、そのようなものがすべて肥料になるのです。それで、高い山や深い谷にはいろいろな腐敗したものがあるので、たくさんの虫が生息するようになり、虫がたくさんいるので鳥がたくさん集まってきます。名勝地《めいしょうち》になぜ鳥たちが集まるのかというと、腐った肥料の中に虫がいて、その虫をえさにするために集まってくるのです。鳥類が集まることによって、より美しい名勝地として花を咲かせるようになるのです。（二一三—二一七）

パンタナールの伝統思想は、そのままのみ込んでしまうということです。そこでは、大きな魚がそのままのみ込んでしまいます。それにふんなどがついていないでしょうか、うじのようなものがいないでしょうか。何があっても関係ないのです。そのままのみ込んでしまいます。

そのままのみ込んでしまうという哲学の世界がパンタナールです。ですから、私にとってパンタナール精神とは、悪いものも良いものもそのままのみ込んで消化し、自分が生きていける栄養をもらって大きくなるということです。文総裁《ムン》がそれをしようとすれば、サタン世界も善なる世界も、そのままのみ込んでしまうということになるのです。（二九六—三〇五）

パンタナールに行ってみると、そこは丸のみする猛獣たちが棲《す》む所です。それで、「いやあ、私に似ているなあ！」と思ったのです。

神様もそうです。神様は、どのような方でしょうか。丸のみする王の中の王です。悪人でも善人でも、一度にのみ込もうとされます。では、別々に食べるのですか、混ぜて食べるのですか。皆さんも食事をするとき、味が濃いものと薄いもの、辛いものと辛くないものを混ぜて食べるのがおいしいですか、味が濃いものだけを食べるのがおいしいですか。混ぜて食べるのがおいしいのです。なぜでしょうか。丸のみする王として通過するために、一生の間そのように訓練するためです。

考えてみてください。統一教会員たちが祝福を受けるために、七年、九年と修練して、初めて祝福してあげたのですが、今では十時間、一時間、十分でもしてあげるのですから、世の中にそのような祝福がどこにありますか。聖人と殺人鬼を一緒に祝福してあげるのです。一度に丸のみしてしまうのです。

南米に行けば、私たちの土地が八万ヘクタール、二億四千万坪あるのですが、その土地には大きな蛇がいます。その大きな蛇がわにのようなものを捕まえて食べるとき、泥水やふんの混ざった水がついていないでしょうか。魚が死んで腐った川の中で動き回り、ありとあらゆるものがすべてついているのです。だからといって、わにを洗って食べるでしょうか、そのままのみ込むでしょうか。薬として丸のみします。おなかがすいているのに、消化できないことがあるでしょうか。消化できなければ、すべて薬になるのです。皆さんは丸のみすることができますか。

女性たちは、歯が黄ばんでいるのを嫌うでしょう？　口からにおいがするからと、夫に「歯を磨いてきなさい」と言うではないですか。十年間山で暮らして、一度も歯を磨いていない夫が門の前に来たのに、「歯を磨いてきなさい」と言うでしょうか。それでは、抱きついてキスするでしょうか、しないでしょか。真《まこと》の愛には、汚いものがないのです。愛の力は、すべてのものを包容し、すべてのものを越えて消化します。ですから、すべての創造物は、真の愛の力を絶対的に好むのです。（三〇三―一三一～一三二）

第五節　空

電気の原理で、プラスとマイナスは一つになりますが、プラスとプラス、マイナスとマイナスは反発するでしょう？　なぜ反発するのでしょうか。それは、最初から反発するようになっているのではありません。反発する時があるのです。皆さん、夕立が降ってくるときは、真っ黒な雲がだんだんと広がってきて、ガラガラガラーンと音がするでしょう？　正にその原理です。それでは、どのような作用によってそのようになるのでしょうか。電気作用によってそのようになるのです。数億ボルトのプラスの力とマイナスの力が、お互いを慕ってぶつかりながら光を出すのです。同じように、愛も光が出るのです。

それでは、数億ボルトに相当するプラスの力が一度に、ぱっと飛び出してくるのですか。違います。小さなプラスとプラスが一つになる過程があるのです。一度に大きなプラスが出てくるのではなく、先に小さなプラスと小さなプラスが一つになって大きなプラスを形成するのです。プラスの総合圏を経なければ、大きなプラス圏が形成されないでしょう？　その理論は正しいですか。私が統一教会の先生になっていなければ、これで博士になっていたでしょう。

それでは、どのようにプラス同士が一つになって大きなプラスが生じるのでしょうか。これが問題です。皆さんはこれを知らなければなりません。プラスの前にはマイナスが生じるようになっているのですが、ここにマイナスが生じる前にプラスが生じれば、そのプラス同士で一つになるのです。プラスとマイナスがぶつかろうとする瞬間、その少し前にほかのプラスが生じれば、そのプラス同士で一つになるのです。そのようになれば、マイナスは従ってくるのです。何億万分の一程度でも、離れて従ってくるのです。このようにしてプラスが一つになれば、完全なマイナス圏を成し、そこに対等なマイナス圏が形成されれば、光が出るのです。理解できますか。

プラスの前にマイナスが決定されたあとからは、同じ極同士が出会うと反発します。この話が実感できますか。結婚する前は、若い男性同士で一つになることができます。また、結婚する前は、若い女性同士で一つになることができます。しかし、相対が現れれば変わるのです。ハンサムな男性と結婚した醜い女性がいるとすれば、彼女は、自分の友達の中で美人の女性が自分の夫の前に顔を見せるのを好みません。自分の友達が来るのを嫌うのです。反発するというのです。そうでしょう？　これは実感するのではないですか。これは論理に合っています。また、男性も同じです。天下にいない美人を夫人として迎えたのに、友達が来て冗談を言ったり、少しでも目つきが違えば、その男性は友達に反発するのです。

それはどのような理由からでしょうか。原則を見れば、完全に授け受けできる基盤をもてない存在は永続できません。プラスとマイナスの存在は、お互いに授け受けできる神様の永続的な形に似たので、一緒にいれば永続することができますが、プラスやマイナスが独りでいれば、なくなってしまいます。ですから、相対をつくって存続しなさいというのです。

天地のすべての作用世界は、反発と融合の作用で形成されています。ここで反発作用が永遠に反発するのであれば、それは矛盾です。それは、存続するための第二の圏を形成するための排斥なのです。皆さんは、これを知っておかなければなりません。（〇三五―六一）

雷が鳴って雨が降れば、「天地の調和に従い、陰陽の道理に従い、陽電気と陰電気、新郎と新婦を迎えるために動き回っているのだなあ！」と思うのです。雷が鳴って大騒ぎするのはどういうことだと思いますか。それは、自然界において、人間に最高の理想的愛を教えてあげる教材です。雨が降るでしょう？　それは地に対するプレゼントです。天で愛し合ったので地にプレゼントをあげなければなりません。そうすることによって、自分の後代に生命の因縁を受け継がせることができ、地上の緑地帯に万物が蘇生《そせい》できる栄光の基台が連結されるのです。（一九〇―一一九）

渡り鳥が、なぜ海を越え、山を越え、国境を越えていくのか、考えてみたことがありますか。北極にいる鳥がなぜ南極まで行くようになっているのでしょうか。子孫のためです。何も知らない自然の万物がそのようにするのですから、万物の霊長である人間は、渡り鳥よりもっと立派な立場に立たなければなりません。未来に残れる子孫をつくるために国際結婚をするのです。(一九〇―一五二)

皆さん、自然の世界を考えてみてください。鳥が国境を越えるのに何か制約を受けますか。渡り鳥が南方から北方に来るとき捕まりますか。万物の霊長である人間ならば、その鳥よりも立派でなければなりません。ある国の人が、「世界の人たちは、みな私たちの国に来て暮らしてください」と言うことができれば、その国は世界で一番になるのです。宗教世界もそうです。門を開いておいて、お互いが交流することによって一つになるのです。(二一〇―一二二)

渡り鳥を見てください。それぞれ違う所で生まれ育ちますが、成長すれば、列を成して北方から南方に一緒に飛んでいきます。一つに集まるでしょう? みな別々の所で生まれましたが、遠い所に出発するときには一つになるのです。ときには、優秀な種を残すために、雄と雄が激闘することもありますが、移動しなければ死んでしまうので、その道を出発するときには、みな一つになって飛んでいくのです。そのときに、雌をかけて戦った雄同士は、一方が隊長になれば、もう一方がそれを見て、「私はついていかない！」と言いますか。仕方なくついていかなければなりません。お前も行くなら私も行くということです。生の共存法則に従えば、すべて同じ道理の道を行かなければならないのが天地万象の存在様相です。このように見るとき、愛こそが平等だというのです。（一九三―一五一）

第四章　体恤信仰と侍る生活

第一節　体恤《たいじゅつ》信仰の重要性

体恤信仰が必要

私たち人間がこの地上で信仰生活をしていく道は、一人で行く道ではないことを常に考えなければなりません。

信仰の道におけるその対象は、「私」ではなく「神様」です。どこまでも神様を対象にしていく道です。言い換えれば、主体と対象の関係が神様と私の間に結ばれ、主体から成される事実が対象に及び、対象から成される事実が主体と関係を結ばなければならないのです。このような関係が結ばれなければ、み旨と共に完成する「私」自身にはなり得ず、み旨のために活動したと思うその結果が、天の摂理の前にプラスになることはないのです。

神様と私たち人間は、必ず相対的な関係をもって連結されなければなりません。言い換えれば、授受作用をして一つにならなければならないのです。その一つになる程度に従って、私たちの生活環境に変遷《へんせん》をもたらすようになるのです。そして、その変遷した内容を私たち自体の生活面から見て、過去よりも価値的なものとして感じられるようになるとき、私たちは信仰の恵みを感じるようになるのです。

体恤《たいじゅつ》信仰の出発

人は、大概相対的な関係を通して何かの意識をもつようになります。もちろん、自分の心の中でも考えるのですが、ほとんどは感覚的な器官を通して刺激を受け、相対的な関係を中心として意識をもつようになっているのです。信仰生活をするにおいては、私たちの心の生活だけでなく、その心に感じられた事実をどのように相対的生活環境に適用するのかが、最も重要です。

皆さん自身が、ある信仰の基準のもとで、一年ならば一年の間、「私はこれこれこのようにするつもりだ」という計画を立てたならば、その計画が私と関係を結ぶだけでなく、神様とどのように関係を結ぶのか、そして、主体であられる神様と対象である私が一つとなることによって、その結果をこの環境にどのように実らせるのか、それが、原理的に見るときに重要なのです。

主体と対象が完全に授け受けすれば、そこには必ず新しい繁殖、すなわち第三の結果をもたらします。その第三の結果は、主体の目的だけでなく対象の目的、すなわち二重目的をもった結果として現れるのです。そこで、結果として現れたものが、それ自体で、主体と対象が因縁を結ぶ前よりも価値あるものになってこそ、より大きな刺激を感じ、より大きな喜びを感じられることを、私たちは知らなければなりません。

今月ならば今月の一カ月を中心として、信仰的な面で、各自がある目標を立てて実践していくとき、その目標を自分個人の目標と思ってはなりません。その目標は、常に主体と対象の共同目標であり、その結果も、常に主体と対象の共同価値の結果としてそれを追求していることを、自ら感じなくてはいけません。これは、自分がすることだとしても、それは自分一人がすることではなく、そこには必ず神様が介入しているという意味です。自分一人が動くのではなく、神様が同伴して動いているのです。

このように、神様が共に動いている事実を感じるようになるとき、ここから「体恤信仰」が出発することを、皆さんは知らなければなりません。ゆえに、日常生活においても、無意味に生活するのではなく、意識をもっているある主体がいれば、その主体と自分の考えを整列させ、自分の一日の生活過程が自分に限られた過程ではなく、主体と一つになって共にななす過程だと感じられなければなりません。そのような立場に立つようになるとき、「体恤信仰」が始まることを知らなければなりません。

自分の心を神様の方向と一致させる

人には心があります。そして、心には心の門、すなわち「心門《しんもん》」があります。また、神様が私たち人間に対するには、「時」があります。もちろん、神様はいつでも私たちに対していらっしゃいますが、私たち自身において、神様が私たちに対してくださるその方向に、心の門をどのように合わせるかが問題です。これは非常に難しい問題です。

自然を見れば、春夏秋冬があり、朝昼夕夜があるように、人の性格もみな同じではありません。ある人は春の季節に該当し、ある人は夏の季節に該当し、ある人は秋の季節に該当し、ある人は冬の季節に該当します。また、朝のような型の人、昼のような型の人、夕のような型の人、夜のような型の人がいます。顔形を見ても様々です。

このように、姿形が様々なのは、もって生まれた性質や生い立ちがみな異なるためです。身を置いている位置が、すべて異なった動機からもたらされたのが人間なので、その立っている基準に従って私たちの姿もみな異なってくるのです。ですから、春の季節に該当する人がいるかと思えば、夏の季節、秋の季節、冬の季節に該当する人がいるのです。このように、人は一つの中心を中心として、それぞれ春夏秋冬の立場に立っています。

また、春の季節と夏の季節の中間型の人や、夏の季節と秋の季節の中間型の人もいます。このように四方を見るとき、人間がそれぞれ立っている位置は、すべて異なります。ですから、人間はいつでも中心を基準にして関係を結ばなければならない立場にあるのです。この中心は絶対的な基準なので、この基準が私たちの主体的な立場とならざるを得ません。その主体を中心として、主体自身も回りますが、対象である私たち人間も、それを中心として回っていかなければならないのです。

そして、回っていくときに、神様が春の季節のような性稟《せいひん》で私に対されたとすれば、私もその性稟に合わせていつでも環境的に調節していき、それに相対する立場で合わせられなければなりません。そのような立場に立つようになれば、必ず体恤《たいじゅつ》的な刺激を感じるようになるのです。私一人でするのではなく、必ず天運が協助し、私が望まなくても自然にその環境が成されていくのを、細胞で感じられる位置に立つのです。

信仰者が注意すべきこと

それでは、信仰生活において最も注意しなければならないこととは何でしょうか。あることに対するとき、ささいなことであろうと、大きなことであろうと、事のいかんにかかわらず、個人的に対してはならないのです。言い換えれば、皆さんの心がぱんと張っていなければならないということです。空気をぱんぱんに入れて、完全に丸くなったボールのような心の姿勢をもつのです。ぺちゃんこではなく、完全にぱんと張ったボールのような心の状態にならなければならないのです。そうでなく、不安な心や、あるいは個人の欲望を中心とした邪悪な心をもてば、丸いボールのような心に角《かど》が生じます。

この心が回るときには、平面的に接触しなければならないのですが、角ができると、とがった先の部分から接触します。そうすると、全体を円滑に刺激させるのではなく、全体に反発的な作用をするようになります。そのような立場に身を置けば置くほど、私たちの良心は呵責《かしゃく》を受け、良心の基準がだんだんと削減されていくのです。それを考えなければなりません。

ですから、常に円満なボールのような心の状態が必要です。そして、その心に何かの刺激が入ってくれば、心自体が共鳴できなければなりません。固有の振動数が互いに同じ音叉《おんさ》、すなわち二つを置いて、一つを鳴らせば、もう一つは、たたかなくてもその音波に刺激され、同じ振動数で鳴るのと同じように、私たちの心も、共鳴体となり得る円満な心をもたなければなりません。そして、常に、一つの主体から伝達されてくる霊的な波動を感知しようと努力しなければなりません。

そのため、信仰生活をする人には、瞑想《めいそう》の時間が必要なのです。良いことを思い描きつつ瞑想をするのです。そして、心の門を開け放ち、心を丸くして、神様ならば神様を中心として、神様の本性と私の本性が完全に授受できるように、春の季節に該当する人であれば、春の季節の主体であられる神様と共に、その性稟《せいひん》が完全に共鳴できる心の姿勢をもたなければなりません。このように共鳴した内容を中心として、自分が要求する目的に接するようになれば、必ず神様が共にいてくださるのです。

また、そのような共鳴を感じられない立場で物事に接するときには、「神様はこのことを望んでいらっしゃる。私と直接的な関係を結んでいると感じることはできないが、関係は結んでいる。神様が先にこのことに介入していらっしゃる。神様のみ旨がここにある。今は、このみ旨を中心として私が接触する瞬間だ」と考えればいいのです。あることをするときに、私一人でしていると思ってはいけません。その物事自体を中心として見るときに、そこには必ず神様のみ旨が既にあるのです。それゆえに、先を行っているそのみ旨に従っていき、そのみ旨との一致点に基礎を置かなければなりません。私たちの生活を総合してみれば、そのようになっています。

み旨と一致しようとすれば

それでは、み旨との一致点に基礎を置くためには、どのようにしなければならないでしょうか。非良心的な立場に立ってはいけません。み旨を中心として、私の心が純潔な心で完全に授受でき、完全に共鳴できる生活態度をはぐくんでいかなければなりません。そのようにすれば、どんなに難しいことであっても、その難しいことが私にとってマイナスになるのではなく、プラスになるのです。そうすれば、そのことによって、今までいた立場よりも一段階前進できるのです。

結局は、神様と主体と対象の立場で、心と体が授受する感触を感じながら物事に対していくようになれば、天が従ってくるのです。このような感触がないときは、「神様のみ旨が既にそこにある」と、そのように実感する感情をもちながら物事に対して行動する立場に立つようにするのです。そのようにすれば、既にそのことにはみ旨が介在しているので、そのみ旨と私が完全に一体となるのです。しかし、それを非良心的な基準でしてはいけません。純潔な良心を中心として行えれば、それによって力を得るようになるのです。そのようにして力を得るようになるとき、神様が共にいらっしゃることを必ず感じられるのです。これを皆さんは知らなければなりません。

ですから、心に動機が体恤《たいじゅつ》されなければ、み旨が既にここに介在しているので、そのみ旨を成し遂げようという立場で、「相対的な立場にある、その物事の中に動機がある」と考えるのです。そして、私自体がその動機と一体となって結果をもたらすようになるとき、それが個人的な目的のためのものではなく、公的な目的に結びつくようになれば、それをすることによって生きがいを感じ、力を感じるようになります。そのような人たちは、祈祷生活をしなくても、祈祷生活をする以上の効果を上げることができるのです。

それでは、私たちが日常生活で接しているものは、大旨どのように区分されるのでしょうか。第一に、物に接すること、第二に、人に接すること、第三に、言葉に接すること、言い換えれば、物に接する対物関係、その次に、人に接する対人関係、その次に、対人関係において言葉を話す関係があるのです。言葉は間接的な目的、すなわち第三の目的のためのものです。

ですから、物に接する関係において、天法、あるいは神様の前に引っ掛かってはいけません！　人に接する関係においても引っ掛かってはいけません！　このようになるのです。その次に言葉を話す関係においても、その法に引っ掛かってはいけません！　このようになるのです。語る関係において、その語ったことに対して引っ掛からないためには、必ず行動に移さなければなりません。言葉は行動の動機になるので、語ったことに対して引っ掛かってはいけないのです。ですから、物に接する対物関係、人に接する対人関係、そして語ることに対して引っ掛かってはいけません。言葉は必ず行動を催促します。これが私たちの日常生活においての関係なのです。

どのように物に接すべきか

それでは、対物関係において、どのように天化（注：神様を中心として行動すること。あるいは神様を中心としたものにすること）させるのでしょうか。つまり、その物に対して、堕落した私として接するのではなく、神様が主体となって対したという立場をどのように立てるのかというのです。対人関係においても、私自身として接するのではなく、どのように神様と共に接するのか、また、言葉を語るにおいても、私独りで言葉を語るのではなく、どのように天の言葉を語るのか、これが問題です。その語ったことは、言葉だけで残すのではなく、必ず行動が伴わなければなりません。これが私たちの生活圏内において関係している内容なのです。

私たちが物に接するにおいては職場生活が展開し、人に接するにおいては人倫関係が展開します。言い換えれば、道徳関係が展開するのです。そして、言葉を話す関係においては、行動問題が起こってきます。これが、私たちが生活圏内で関係を結んでいる与件です。

ですから、物に接するにおいては、原則的な法度《はっと》に背《せ》いてはならず、人に接するにおいても法度に背いてはならず、言葉を語るにおいても法度に背いてはならないのです。物に対しても、人に対しても同じです。もちろん、人を中心として対物関係が成立するのですが、このような立場で関係を結んでいることを知らなければなりません。

それでは、信仰者として物に接するとき、どのように対さなければならないのでしょうか。それは、どこまでも公的に対さなければなりません。公的に接するとき、それが十の価値をもっているとすれば、十の価値だけで見るのではなく、それをどのように千万の価値として見るか、この価値をどのようにより大きく見るかということが重要です。たとえ、その物の価値が微々たるものであっても、そこに神様が介在していると考えれば、その価値を千万倍に高めることができるのです。私の愛している物に神様が関係しているとき、その物の価値は無限な比重をもって現れるのです。

そのような心で物に接するようになれば、その物が実に慕わしく感じられます。皆さんの生活圏内で感じることや、皆さんの心の世界で感じることの中に、そのような感応が伝わってくるようになるのです。そのような心をもって物事に接すれば、その結果は、自分一人が期待していたものよりもっと立体的な価値の内容をもつようになります。

一つの事や物に対したことにより、自分が環境的に大きな価値の結果を感じるようになったという事実は、それによって自分がより高い霊的な内的価値をもてる位置に立ったということです。そのようにすれば、事を成したのちにも感謝し得るのです。どんなに大変なことであっても、私がしている苦労よりも、天的に何百倍、何千倍の価値的な結果が現れるという、そのような価値を感じながら行動する人がいるとすれば、それがどんなに難しいとしても、難しいそのことがかえって感謝の対象となるのです。

自分一人を置いてみても、対人関係において、ある難しいことに追い込まれて被害を受けたり、言葉にできないような苦役を克服しなければならない受難の道に入り込んだとしても、その受難の道を自分一人で行くと思ってはいけないのです。その受難の道を無限な価値の中心である神様と共に歩んでいると考えるのです。そして、神様が共にいらっしゃる受難の道の前に自分が同参したという事実が、どれほど大きな価値であるかを感じ、その苦痛の代価よりも感謝の代価のほうがより大きいと感じるようになるときは、どんな苦痛の道も感謝の道となり、むしろ神様の前に栄光の道となり得るのです。

ですから、物に対するときも、何の考えももたずに対してはいけません。物は、プラスでなければマイナスを私にもたらすようになると思わなければなりません。つまり、私にとって福になるか、そうでなければ災いになるのです。ですから、現在十の立場から私がその物に対するとき、十一の価値になるのか九の価値になるのか、すなわち、マイナスをもたらすのかプラスをもたらすのかを考えて、マイナスになる立場を避けてプラスになり得る立場をどのように立てるか、ということに対して努力しなければならないのです。

原則を中心として物事に対しなさい

皆さんがそのような立場を尋ね求めていくようになれば、どんなことに対しても、既に心が知っているのです。ある事や物に対するようになるとき、それが私にプラスになるのかマイナスになるのか、すぐに分かるのです。事を成すときにおいても、私の心とみ旨が、対象と主体が授受して一体となってこそ、本来の動機、すなわち神様の創造原理に一致する四位《よんい》基台圏が展開するのです。

　そして、物が私と主体と対象の結果として符合するという価値を発見すれば、それは神様の創造目的の結果が得られたことになるので、神様の対象物として善の結果をもたらします。

　このような善の結果を私の周囲にたくさん積んでいくほど、私自体においては、再創造の過程の場がだんだんと広がっていくのです。高まっていくのです。そのような生活をすれば、どんな物に対しても、既にその物自体から私に波長が来ます。円満な心で、邪心を断って共鳴する音叉《おんさ》のような心で、その物に深刻に対するようになれば、それが善《よ》いとか悪いという感情がわき出てきます。「それが私にプラスになるのか、でなければマイナスになるのか」と、このようにいつも打診して確認しなければならないのです。

　もし、波長が来なければ、公的な立場から邪心を断ち、心を丸いダイヤルのようにして、さっと接したときの最初の印象や、最初に入ってくる感情を通して、これは間違いなくプラスになるという感覚をもってそれをやってみなさい。何かをするときにも、無意味な立場から行うのではなく、神様が創造されたのと同じ心で、真実な立場で行うのです。行動してみれば、よしあしの結果が必ず現れます。

　そして、自分が最初に感じたことが、何パーセント的中するかを、生活の中で点検してみなければなりません。そして、生活の中で、プラスになると最初に感じたことが何パーセント的中したかを、いつも注視するのです。そのような生活態度をだんだんと習慣化させれば、十のうち五、六と、だんだんその体恤《たいじゅつ》の度数が高くなっていくのが分かります。これを育てていかなければなりません。その度数を高めていかなければなりません。その反対に、悪いと感じ、良くないと感じたことが、そのとおりに良くない結果が出たとき、それはみ旨が共になかったということです。

　このように、私たちの周囲にあるあらゆる物事に対するときには、無意味に対するのではなく、必ず原理原則を中心として対さなければなりません。四位《よんい》基台の形態の内容を中心として、自己の体恤的な感情をどのように開発するのかという問題が、非常に重要であることを皆さんは知らなければなりません。皆さんが職場生活で物を扱うときにおいてもそうです。その会社の一員として、会社の物は公的な物であるにもかかわらず、いい加減に扱えば、その人は会社にとってマイナスとなる人です。その物は国の物であり、神様の物であると考えれば、紙一枚でもおろそかに扱うことはできません。

　そのように、おろそかにしない心をもってその代価を追求し、ささいなことから大きなことに至るまで、全体を心情的な体恤の度合いを広めるための条件物と考えて、それを取り戻すために努力し、生活的な感情に連結させるために努力するようになれば、生活圏内で神様が必ず共にいらっしゃることを、忘れようとしても忘れられないのです。対すれば対するほど、私が対するそのことにおいて、神様が共にいらっしゃることを実感的に感じられるのです。

自分一人で、何の考えもなく歩き回っていては損害を受けやすいのです。その損害が現在の立場より極めて重大になるときは、そこから打撃を受け、落ちていってしまうのです。それゆえに、この体恤信仰の開発のためには、皆さんは常に、物に対していい加減に扱ってはならないのです。深刻に扱わなければなりません。これを誤ることによって、信仰の道全体が引っ掛かって倒れる、そのような条件もそこで成立するのです。

何かを行うときにも、そのようにしなければなりません。例えば、女性たちが針仕事をするとき、そこには自分の夫のための物とか、愛する人のための物とか、あるいは願わない人のための針仕事もあるかもしれませんが、同じように精誠を尽くさなければなりません。賃金をもらって針仕事をする人も同じです。お金をもらうために、あるいは利益を得るためにただ適当に仕事をしていれば、道がふさがれてしまうのです。しかし、その仕事も自分のことのように、私の愛する人の服のように真心を込めた心情で行えば、その服を着る人がそれに接するとき、「これは良いものだなあ」と言うのです。もし、体恤信仰をする人がいれば、精誠を尽くしたか尽くしていないかを、すぐに鑑定してしまうのです。すべての物事を、そのように注意して見なければなりません。

体恤《たいじゅつ》信仰を開発する生活

先生は、皆さんが笑いながら話をするとき、すぐに感じが伝わってきます。その笑いが神様の前にプラスとなる笑いなのか、マイナスとなる笑いなのかという感じが伝わってくるのです。皆さんも、そうなれるように、習慣化して開発していかなければなりません。ですから、自分を中心として成される周囲のすべての要件には、無意味なものは一つもありません。すべてのことが、私を開発させ、発展させるための一つの教材として登場するのです。そのような生活態度が必要です。ゆえに、一人だからといって自分勝手にはできないのです。

このような生活態度を中心として生活するようになれば、初めて会う人でも、面識のある人でも、誰であってもいい加減に接することはできないのです。初めて会う人だから適当に扱えばいいだろうと、このようにしてはいけません。その人がどんな人なのか分からないからです。したがって、このような心情的基準を中心として、体恤的な環境を開発するようにしなければなりません。そのように、すべてのことにおいて、常に効果的な価値を発見して喜びを感じたとすれば、その人の信仰生活は、観念的なものではなく実質的なものであり、神様と共に生きる信仰生活なのです。

そのような生活をする人は、どんなに困難な道を歩んだとしても疲れません。もし、死の道を行くとしても、その死がみ旨の前に妥当な死か、そうでないかをすぐに知ることができるのです。苦痛を受け、悔しい目に遭うことも、神様が私を蕩減《とうげん》させるためにすることなのか、マイナスにさせるためにすることなのかが、すぐに分かるのです。

どんなにつらい道を行くとしても、それが体恤的な感情に接しながら行く道であるならば、なぜか心強く、希望がわき出てくるのです。反対する喊声《かんせい》が高くなればなるほど、それが衝撃となり、刺激となって、私自体の中心が折れてしまうのではなく、それを良い機会にして爆発的な力が作用するようになり、善意の闘争の力がわき上がってくるのです。このようなことを見れば、私の行く道が、神様が共にいらっしゃる道なのか、そうでないのかを感じ取り、見分けられなければなりません。

そうでなければ、生活圏内で堕落が起き、失敗が起き、神様の前に裏切りが起こるようになるのです。これは、眠っている時に起こるのではありません。私たちが目を開けて活動しながら接するすべての相対的要件を中心として、私が発展することもあり、後退することもあり得るのです。このような関係になっているので、この関係をどのように良く調整して天化された結果をもたらすかを、常に研究しなければなりません。

物に対するときもそうですが、人に対するときでもそうです。人を見たとき、「あの人はどのような人だ」ということを分からなければなりません。その人の性質によって、すべて違います。自分が人に対するとき、相手の人が自分よりも心情基準が低いときは、自分の基準を低く調整して、相手に対さなければなりません。そうでなければ、自分が打撃を受けます。

ですから、印象でその人がどのような人なのかを、すぐに知らなければなりません。第一印象でどのような感じがするのか、心のアンテナを通して、この丸い心でどのような感じを受けるのか、自分の先入観でなく、公正な立場で、はかりのような心でどのような感じが来るのかを知らなければなりません。自分が中心になるのではなく、その感じ取ったことを中心として、神様を思いつつ進んでいかなければなりません。主体の前に私は対象の立場となるので、良い結果を基準として発展させたいのが主体の願いであり、相対である私たち人間の願いになるのです。

したがって、私の個体が打診した結果を中心として見るのでなく、さっと見ながら心に照らして見てみるのです。そのようにすれば、最初の感じがすぐに来るのです。最初のうちは、よく分かりません。ですから、それを発展させなければならないのです。そのようにすれば、「ああ、あの人は良い人だ」と分かるようになります。皆さんがそのような度数をだんだんと高めていくようになれば、一度だけぱっと見ても、心がどうで何がどうだということが、さっと伝わってくるのです。

例えば、先生が約婚してあげるときは、できる限り人の輪郭をはっきり見ないようにします。この人あの人と、さっと見回してみるのです。どのような感じを受けるのか、心のはかりでさっと比較してみるのです。この二人はどうか、合うか合わないかと思いながら見るのです。ある時は、さっと見ると二人が一つになる場合があります。二人を見ると、あっという間に一つになる感じを受けます。これは間違いなく、天によって定められたお似合いの配偶者です。

そのような感じが何パーセント的中するのか、皆さんの生活過程を分析して、結果を確認しなければなりません。私が感じることは何パーセント合っている、このような内的な因縁を、皆さんが環境圏内で結んで確認できるようにならなければなりません。そのような結果を測定できる立場に立たなくては、神様が共にいらっしゃるか、悪が共にあるのか、分析することができません。したがって、必ずこのような信仰態度が必要です。このような信仰態度を育てていけば、間違いなく体恤《たいじゅつ》されていきます。そのようになれば、道を行くとき、祈祷をしなくても大丈夫です。最初の一歩を踏み出すとき、この道がどんな道か、行けば神様が喜ばれる道か、悲しまれる道かが分からなければなりません。最初に、「ああ、これは良い、悪い」と感じられるのです。悪いと感じるときは、行かないのです。これを鑑定できなくてはなりません。ですから、皆さんは、環境の中で体恤信仰を開発するために努力しなければなりません。

ですから、皆さんが人を見るときも、何気なく見てはいけないのです。誰それの正常な表情はこうだ、ということを分析しなさい。それだけでなく、誰それの正常な態度はこうだ、また、正常な声はこうだ、笑うのも、正常な笑いはこうだ、と分析してみなければなりません。

信仰者たちが疲れる理由

皆さんが指導者になろうとすれば、今後多くの人に接するとき、その人の正常な基準と非正常な基準、言い換えれば、悲しいときの基準とうれしいときの基準を判断できなければなりません。正常な基準を中心として見るとき、上に上がっていくときはうれしく、下に下がっていくときは悲しいということを、目だけ見ても、表情一つだけ見ても、すぐに推し量れなければなりません。話し声が正常なときはこうであり、うれしいときの話し声はこうだ、良くないときは目の色がどうだと、すぐに判断できなければなりません。

話す語調や抑揚、態度を見て、あの人があのように話す背後には良くない何かがあるということを、神様と共に私が鑑定しなければならないのです。そのようにすれば、二人が会うとき、表情だけ見ても、「何かあったのだなあ」ということが、さっと分かるようになるのです。このように、皆さんが鑑定したことを実験するのと同じように、それが符合するのかしないのかを観察してみなければなりません。それがもし符合したと感じるときは、神様が私と共にいらっしゃるのは間違いありません。

ですから、生活圏内で、私の感情が神様と密着して同化するのか、反対となるのかを、最初に感じることを通して分析し、私の生活圏内で、どのようにすれば良い結果をたくさん残せるかを考えなければなりません。それが信仰者にとって、最も重要なことです。通り過ぎる人を見ただけでも分かるのです。

それゆえに、最も複雑なのが人間です。ある人が教会に来て、祈祷をして座っていれば、その人をぱっと見ると、「元気があるなあ、元気がないなあ」という感じが伝わってくるのです。このように対人関係においても、その感じが伝わってきて、ある事や物に接する感情も伝わってくるのです。また、言葉を話すときにおいても、自分が共鳴体のような立場に立ち、これが破格的か、でなければ順和的（注：穏やかで安らかなこと）か、つまり和合するためのものか、そうでないかを直ちに測定しなければなりません。さらにまた何パーセントくらい直接的な結果をもたらしたかを分析しなければなりません。このようなことを皆さんが開発すれば、誰でも体恤《たいじゅつ》信仰圏内に入っていけます。そのようなことを感じて暮らす人は、疲れることがありません。

今日の統一教会員たちは、天に引っ張られたり、天が離れてしまえば疲れてしまうのです。それは、体恤《たいじゅつ》的信仰の重要性を知らないからです。信仰というものは、生活圏内で、神様の目的を中心として、私が接する前よりも接したのちに、より良い結果が訪ねてくるときは、どんなに迫害が来ても、そのまま押し通していくことができるのです。絶対に屈服しません。しかし、その結果がマイナスになるときは、どんなに力を出そうとしても後退するようになります。

ですから、後退する可能性があることは絶対にしてはならないのです。その被害は、どれほど大きいでしょうか。一度後退すれば、それを立て直すのがどれほど大変か分かりません。一度間違いを犯せば、それを補充するのがどれほど大変かを考えれば、落ちる可能性のあること、すなわちマイナスになる可能性があることは、考えることもしないのです。そのようなものは見ようともしないのです。また、そのような人とは接しようとすらしません。

それゆえに、初めて恩恵を受けるようになったときには、人をよく敬遠するようになります。物にも、やたらにあれこれと接することができず、単調な物にだけ接するのです。その人が日常的に欲望をもって動く可能性のある物には、絶対に接することがないようにします。そうでない物、すなわち無関心に接していた物にだけ接するようにします。言葉も、自分を弁明しようとする言葉は話さないようにするのです。

実際の信仰生活において、霊的な体験はそのように起こるのです。皆さんは、そのような霊的な体験をすることができなくても、生活の中で感じ取ったことを分析する度数を高めていかなければなりません。

そのような段階に至れば、どのような現象が起こるのでしょうか。間接的な関係から直接的な結果を判断できる、このようなことがたくさん起こるのです。すなわち、第三のこととして、私とは何の関係もないことでも、関係を結ぶことによって、計画的ではないのですが、偶然に体恤的な感情を感じることができる体験をするようになるのです。このように努力するようになれば、第三のこととして私と関係ないことであっても、ぱっと感じ取ったことを通して、「関係を結ばなければならない」と考えるようになります。このように生活圏内において、発展できる動機をいくらでも見つけることができるのです。

常に喜び、体恤的な感度を広げよ

そして、皆さんが朝に家を出て、夕方に戻るときには、絶対にマイナスとなって帰ってきてはいけないのです。帰ってくる時は、必ず朝に出ていった時よりもうれしい立場、すなわちプラスとなった立場に立ちなさい。そのようにすれば家庭内の不和が起こりません。もし、マイナスとなって帰ってくれば、自分の妻や息子、娘にもマイナスの感じを与えるようになります。それは罪です。善を追求していかなければならない立場から見るとき、このような立場に立つことは、善を傷つける立場になるので、これは神様の前に喜びとなれず、悲しみとなります。

したがって、家を出て戻ってくる時は、どんなに困難な立場に立っていたとしても、必ずその困難を蕩滅《とうげん》しておいて、喜びの条件をもって帰ってこなければなりません。もし、職場で悔しく気分の悪いことがあったとしても、それを家に来て解消しようとしてはいけません。その場で解消するか、でなければ別のことに置き換えて、「それ以上の喜びの条件で蕩滅した」というようにしてから、家に入っていかなければなりません。

そうするために、それを補強できる間接的な、自分だけの秘法をもちなさい。道を歩きながら、わざと電信柱に頭をぶつけて、その痛みによってでも蕩滅の条件を立てなさい。それをもって蕩滅を受けたという、悔い改めの祈祷をするのです。そうでなければ、子供たちにあげるあめ玉でも買って、子供たちが喜ぶ姿を思い描き、その喜びをもって家に入っていくのです。あるいは、歌が好きな人であれば、昔、自分が好きだった春の歌や秋の歌を歌い、きょうの悲しい感情を越えて昔のうれしかった感情を呼び戻し、それを中心として帰っていきなさい。

家に入ってくれば、妻に対しても、息子、娘に対しても、そのような喜びの表情と喜びの心を授受するのです。そうなれば、職場で打撃を受けた悲しみを完全に越えることができるのです。滅びるしかなかった環境を食い止めることができるのです。皆さんは一日の全体を中心として、このような生活態度をもたなければなりません。これが一つの作戦となるのです。一日を何気なく生きてはいけません。

どんなことに対しても同じです。山なら山を見るとき、その山を中心として神様の創造性に接する感じ、美しいとか神秘的だという感じを通して、神様が私という一つの価値をこのように高貴にするために、あんなにも素晴らしい相対的万物を造られたのだなあと感じ、喜んで、うれしく思いながら神様の前に賛美を返すようになるとき、そこから衝撃的な刺激を感じるのです。そのような立場で完全に授受すれば、一つになるので酔いしれるのです。そして、その中から離れたくなくなります。その中で寝転びたいと思い、幼子のような心になり、また父母と同じ心を感じられるようになるのです。そのような感情は、何でもない自然を見る中でも感じられます。あるいは、流れていく水を見ながらでも、いくらでも思索にふけることができるのです。

このような体恤《たいじゅつ》的な感度を高めていくようになれば、神様が創造しながら感じられた喜びまでも、共鳴して入ってくるようになるのです。それは、何の考えもなく祈祷するよりも良いのです。ですから、皆さんが、生活圏内において、このような生活を中心として体恤的な感度をどのように培養していくのかが問題です。それゆえに、私が相手に接するとき、どのような表情で接しなければならないかを常に考えなくてはなりません。そのように研究していけば、自分がある表情をしたとき、「相手に良い印象を与えた、だから私はどのようにしていかなければならない」と、分かるようになるのです。

すべてのものを神様のものとして消化

私たちが接するすべての万物は、教材です。私たちが、このような霊的な世界の直接的な感応、あるいは間接的な感応を起こすことができ、関係を結べる対象は、神様の創造物です。この創造物は、神様の性相に似て出てきたものなので、その中には、間接的ではありますが、その性相的な要素があるのです。したがって、その中には、私たちが関係を結べる善の要素、内的な性稟《せいひん》が必ずあるので、その性稟に従って動き、それを連結させるための生活を広めていく人がいるとすれば、その人には、どのようなことも支障を与えることはできず、マイナスにならないはずです。

さらに、皆さんは蕩減《とうげん》法を知っています。自分が中心的な存在になろうとすれば、公的な立場で蕩減した環境をたくさんもたなければなりません。そのようにしなければ、中心存在になることはできません。言い換えれば、自分がもっているものをたくさん差し出さなければばならないのです。もっているものをたくさん差し出すのは、損害です。ですから、自分が困難なことにぶつかったり、被害を受けたときには、蕩滅法で消化するのです。

私が善を行うときに、かわいそうな人のためにも与えますが、怨讐《おんしゅう》のためにも誠実に与えるのです。それは、どれほど素晴らしいことでしょうか。ですから、どんな死地に行っても被害を受けません。そのような動機の存在は、怨讐になったとしても、公的な立場から消化して越えていくのです。そのような状況でも、怨讐を怨讐と考えるのではなく、そのような位置を、両面的な価値をもち得る唯一の位置だと考え、そこから感じられる深い価値を探求するのです。

それゆえに、いかなる受難の道でも、その受難は自分にとって被害とはなりません。またそれが、引っ掛かれば死地に落ちてさまようかもしれないサタンの罠《わな》だとしても、その罠とは何の関係もなく、むしろサタンが怨讐視する勝利の結果をもたらすことができるのです。したがって、このような信仰生活をするときには、サタンがどんなに作用したとしても、神様のものとして和解させることができる立場に立つのです。神様は、悪なる世界にいらっしゃったとしても、いつも神様の立場をとることができる方です。いかなる迫害、いかなる困難があったとしても、それらが私自体をくじけさせたり、滅ぼしてしまうことはできません。むしろ、勝利の資料として、勝利の結果をもたらしてくれるのです。これは、神様が六千年の復帰歴史を導いてこられながら、サタンがどんなに反対しても、神様はそれを勝利の結果として体得し、消化させてこられたのと同じことです。ですから、このようにすれば、間違いなく神様の息子となることができるのです。このような生活態度に、皆さんが関係を結んでいかなければなりません。

物に接するときよりも、人に接するときの感情がより早いのです。ですから、人に対しての研究をたくさんしなければなりません。人に接するとき、言葉で表現しなければなりませんが、言葉だけを語っては駄目です。責任を取れない言葉は語ってはいけません。言い換えれば、実行できない言葉は語ってはいけないのです。互いに授受する場で交流し、一つの共同目標を追求していくときは、必ず実践されるものと考え、そのように感じ、そしてそれが事実そのとおりになったとき、その二人の間には、語って実行したその結果があるので、互いに喜ぶようになるのです。このようにして結ばれた友人は、同じ霊界に行くまいとしても行かざるを得ません。そのような良い友人をもてば、その友人が高い霊界に行くようになるとき、自分も彼について行けます。自分が常にそのような関係を結び、因縁が結ばれたならば、その友人が行った霊界に自分もついていけるのです。なぜならば、彼が私と相対することを何よりも好むようになれば、私の足りないところを補って喜ぶその主体の前に、相対的位置を決定できるからです。

それで、良い師、良い友人を求めるのです。良い師と親しくし、授受しながら喜べる基準さえできれば、その師がどんなに立派であっても、その師が占有できる栄光の位置に同参（注：栄光の位置に一緒に立つこと）できるからです。ですから、このような体恤《たいじゅつ》的な環境を発展させていくのです。

皆さんが村に入っていけば犬がほえますが、そのほえる声を何も考えないで聞けば、鳴き声はすべて同じです。その「ワンワン」とほえる声は同じですが、霊的な雰囲気を中心として、神様が共にあるという立場から聞いてみると、それが千態万状に異なって聞こえます。村でほえるその犬が、金持ちの家の犬なのか、貧乏人の家の犬なのか感じが伝わってくるのです。滅びる家の犬がほえる声を聞くと、気分が悪くなります。しかし、善なる家の犬がほえる声は良く聞こえ、そのほえる声に酔いしれるようになります。気分が良くなるのです。犬がほえれば、怒ったりするでしょう？　ところが、それが衝撃的で、気分の悪い鳴き声に聞こえなければならないのに、その鳴き声が拍子に合った和音のように聞こえる気分がするのです。そのような鳴き声を聞いてその家に行ってみると、予想どおり栄えている家の犬です。

また、赤ん坊が泣いても、その赤ん坊が、繁栄する家の赤ん坊かそうでないかを、そのような習慣的な立場から聞いてみれば、すぐに分かるのです。ちょっと聞いてみれば、「ははあ、あの赤ん坊は何々で泣いているのだな」と、それが伝わってくるのです。そのように伝わってくる感じが合っているかを確認しながら体験すれば、徐々に的中率が高くなっていきます。そのようにして感度を高めていかなければなりません。

善悪は生活の中で決定する

善悪というものは、思いの中で決定されるものではありません。善悪というものは生活圏内で決定されます。天国と地獄は、皆さんの観念の世界で決定されるのではなく、生活舞台で決定されるのです。これは重要なことです。

電車に乗って人々を見回してみると、気分の悪い人、気分の良い人がすぐに分かります。気分の悪い人は、自分よりも霊力が低いのです。しかし、気分の良い人は、自分の相対基準以上の人たちです。もし、霊的な体験のある人がいれば、すぐに分かります。

動物も自分の生死が分かるのに、万物の霊長である人間が、自分の人生を知らずに生きるのですか。すべて私利私欲にとらわれ、神様に背を向けて生きているので分からないのですが、神様と共に生きれば、分かるようになるのです。語るときにも、天と共に語るのです。このように暮らせば、あるときは、何の題目もたずに出てきて、そのまま説教するのです。そして、自分が共鳴体になって語れば、口が動きます。そのようになれば、それは神様の説教です。自然と題目が浮かぶのです。皆さんがどこかに行って語り、質問を受ければ、心の門をさっと開くのです。すると答えが分かります。早いのです。その人が自分を困らせようとしているのかどうか、それを知ることができます。

それゆえに、善なるものなのか悪なるものなのかを分別できなくては、天の道を行くことができません。先生が「間違いない」と言うことは間違いありません。このような何かがあってこそ、将来、人が知らない大きなこともできるのです。

それを、どこから育てていくのでしょうか。生活で育てていかなければなりません。体《たい》恤《じゅつ》信仰が重要なので、体恤信仰を育てていかなければなりません。そのようにしようとすれば、自分と関係した人を絶対にそのまま送り返してはいけないのです。その人に接する前よりも、プラスになるようにしなければなりません。その人が私を攻撃したとしても、プラスとなったという条件を残すのです。そのようにすれば、私は、商売をして、損をせずにいつも利益を残せるのです。このようになれば、その人が私を利用しようとしてその目的が果たせなくなるときには、その人に奪われたすべてのものを、そっくりそのまま取り返すことができるのです。

主体と対象が一つになれば、その結果は主体と対象のものになるでしょう？　神様が主体となり、私が対象となれば、悪なる人に絶対に支配されないのです。どんなに悪い人がいるとしても、その人の背後には、その人を後援する先祖たちの善なる功績が残っています。ですから、善は善で、悪は悪で取り戻してくることができるのです。このようなことが、私たちの生活の背後を中心として起こっていることを、皆さんは知らなければなりません。

神様に侍って天国の人格を完成する

ですから、そのようにして、一日の生活を何気なく過ごしてはいけないのです。それは、すべて天が実際の生活を中心として天国を成すための一つの材料であり、一つの教材として私に接近させてくれるものです。そうだとすれば、それを良い結果として消化させることができる主体的な自我をどのように発見するか、ということに力を注がなければなりません。

それを発見するためには、皆さんが最初に感じ取ったものを父の前に常に相談し、共鳴体とならなければなりません。心を開け放ち、昼夜を問わず、いつでも天に接することができるそのような基準にさえなれば、必ず霊波が来るのです。

皆さんがそれを知らないだけであって、これをだんだんと段階的に育てていかなければなりません。育てて、「ああ！　私が感じたことが何パーセント当たった」という自信をもてるまで、努力しなければなりません。それが体恤《たいじゅつ》できなければ、「自分が精誠を尽くさず、完全な共鳴体になることができなかったために、それを感じられなかった」と考えなければなりません。私たちはアンテナと同じです。ですから、純粋なアンテナのような立場に立って、霊界の波長を感知できなければなりません。霊界は常に霊的な波長を送信しています。したがって、私が何かをするときに必ず関係を結んでいるので、主体と対象の前にどんなものが必要な二重目的の価値になるのかが、おのずと分かるようになるのです。

それを皆さんが、最初に感じ取ったものを通して分析し、発展させることに努力すれば、自然と自分自身が実際の生活に神様を迎えて生きるようになります。観念的な神様ではなく、生活的な神様として侍って暮らせば、この険悪な世の中で、堕落せずに天国の人格を完成することができるのです。

祈祷を通して、神霊の役事を通して恩恵を受ける基準に行けるかもしれませんが、それは霊界から霊人たちの協助を受けて成されることです。しかし、本来私たち人間は、生命体や生霊体をもつようになっています。私自体に霊があるのです。したがって、霊力を中心として霊の作用を開発してさえおけば、霊人たちが指導してくれなくても、私自体の生霊体において感知し得る能力が生まれてくるのです。

このように、ある基準にまで達するようになれば、神様が悲しまれるとき、私にも形容し得ない悲しみが伝わってきます。ある人に会ってから別れて送るとき、言葉に表せない悲しみを感じるようになれば、その人の行く道は、祭物の道か、そうでなければ神様が哀れむ道です。その二つのうちの一つの道であることに間違いありません。そのようなことを実際に感じ、生活圏内で刺激を受け得る立場に立った人であってこそ、体恤《たいじゅつ》的な生活をしている人です。

神様の心情を感じて暮らす

神様が喜ばれ、悲しまれることを、常に鑑別しながら暮らす人は、悪なる人になろうとしてもなることができず、天の法度《はっと》に背こうとしても背くことができません。そのような男性は、いくら美人が誘惑しても相対しません。そこに同化できないのです。

公的であれ私的であれ、神様が最も嫌われる人は、対人関係において、人を利用しようとする人です。そして、その次には、何でも自分の利益を中心として判断しようとする人です。神様が好まれる人は、譲歩する人です。譲歩とは、自分がその人についていくことです。その人が「こうしよう」と言う、そのとおりについていくのです。ずっとついていけば回るようになり、回ればあとから自分がその位置を占領するようになります。結局は、その人のすべてのものを占領できるのです。

ですから、常に柔和謙遜《けんそん》にして、その人が「こうしよう」と言う、そのとおりに従順、服従、屈服しなければなりません。それはなぜかというと、その人を完全に占領するためです。

人だけを占領するのではなく、その人のすべてを占領するための作戦です。したがって、私たちの信仰世界においては、自分を否定し、その代わりに相手の要求に完全に順応していく作戦をとらなければなりません。それは、自分自体がなくなるのではなく、相手を完全に占領するための一つの作戦なのです。このようなことを、皆さんは生活で感知しなければなりません。

最近はそうではありませんが、先生は昔そのようなことをたくさんしました。道端に出て、通り過ぎる人を見ながら、どのような感じがするかを調べるのです。「あの人は間違いなくこうだ」と思うとき、それが本当に当たっているか当たっていないか、ついていって確かめてみるのです。「あなたはこうでしょう?」と尋ねてみます。それは、霊界で教えてくれるのではなく、自分の心が既に知っているのです。それで、「あなたはこのような人ですね」と尋ねてみれば、「どうして分かるのですか」と驚くのです。間違いなく当たります。じっと座って、あの部屋に誰がいるのか、良いことをしているのか、悪いことをしているのか、良い人が暮らしているのか、悪い人が暮らしているのかを、すぐに知ることができるのです。皆さんも、アンテナをだんだんと高めていって、そのように発展させなければなりません。ですから、宇宙のすべての因縁に従って鑑別する鑑別士の生活が、信仰者の生活です。

祈祷したことを実践しなければ

ですから、体恤《たいじゅつ》信仰がどれほど必要であるかを知らなければなりません。祈祷だけしていてはいけません。祈祷すれば実践しなければなりません。祈祷は、神様との公約です。祈祷は神様と人間との公約なので、これは誓いです。ですから、祈祷すれば必ず実践するのです。そして、一つの問題をもって毎日のように祈祷する必要はありません。心からの祈祷は一度するのです。そして、十年でも二十年でも、祈祷する姿勢で、それが成された場に出会うことを慕い求める心をもちなさい。そのような心をもって暮らす人が、最も恐ろしい人です。

私がお父様の前に宣誓し誓ったので、十年、いや生涯そのことが訪れるのを歓迎する姿勢で、そのことにどこで出会うかを考えながらそれを求める人は、祈祷したことが成される場に向かっている人です。祈祷だけ十年する人よりも、一度訪ねていく人が知恵深いのです。十年してそれを見つけたとすれば、その人は既に祈祷の目的を成した位置に立つのです。ですから、実践が問題です。

その実践がどこにあるのかというと、天の国の神様の中にあるのではなく、私たちの生活圏内にあるのです。私たちの生活圏内で天国と地獄が分かれます。生活圏内で天国ができ、地獄ができるのです。皆さんの心と体を中心として行動する、ここに、プラス世界とマイナス世界が行ったり来たりするのです。

私たちの教会の周囲で暮らす人たちを見れば、そのように暮らす人は一人もいません。すべて、ぷかぷか浮かんで根のない浮草のようです。根がなければなりません。語るにしても何をするにしても、この三角関係を中心として、四位《よんい》基台の目的を達成しなければなりません。皆さん、創造目的とは何ですか。四位基台の完成です。四位基台は、どこにでも通じるのです。

仕事をするときも、心と体が中心と一つになって一体を成すことができなければ、これは悪です。心と体が本当に一つになれば、それが四位基台です。仕事も同じです。四位基台が目的です。私の心と体が一つになり、その仕事と一体にならなければ、四位基台の目的が成し遂げられないので、その仕事は何の役にも立ちません。監督がいるから、誰かが見ているから仕事をするのですか。天国と地獄は、空中にできるのではありません。皆さんの生活圏内で心と体が一つになり、三対象目的圏を中心として、創造原理の法度《はっと》によって成されていくのです。

ですから、体恤信仰というものは、霊界から協助してするというよりも、生活圏内で鑑定し、発展させていかなければなりません。自分が被害を受けることなく前進的な信仰過程と生活過程を具備できる人は、間違いなく神様が共にいらっしゃるのです。そのように発展した人に教えてあげれば間違いないので、その人が願わなくても神様が訪ねてこられるのです。その反面、祈祷だけして行動できない人には、神様が訪ねてこられても、また離れていくのです。ですから、体恤《たいじゅつ》的信仰の基盤を私たちの生活圏内で立てることが、何よりも重要であることを知らなければなりません。(四〇―二七五～二九九、一九七一・二・七)

第二節　侍る生活

侍る生活をする人が神様の愛を受ける

今後、統一教会に長くいた食口《シック》たちは、国際的な舞台に出ていくようになると思います。侍る生活を実践すべき時に入っていく、ということを知らなければなりません。

それでは、侍る生活をしようとすれば、最初に誰に侍らなければならないのでしょうか。神様に侍らなければなりません。神様に侍る目的は、結局自分が発展するためです。自分が発展するためには、神様の愛を受けなければなりません。神様の愛を受けなければ、発展しようとどんなに外的に努力してみても発展できません。神様の愛がとどまり得る人にならなければ、発展できないのです。

今日まで統一教会は、迫害の中で本当に難しい道を歩んできましたが、今まで滅びずに発展してきたのは、神様のみ旨の中にあって、神様の愛を受けることができる立場にいたからです。神様の愛を受ける団体や人は、神様が保護するのです。父母は、いつも愛する子女を思うのです。子女が父母のことを考えなくても、その子女のことをいつも思っているのです。この世の中でもそうです。夫婦ならば、夫婦の間で愛する妻や夫に対しては、その当事者が知らなくても、考えてあげ、福を祈ってあげ、あるいは助けることができる道をつくってあげようとします。このような夫婦の愛によって因縁が結ばれるのです。

国に対してもそうです。国を愛する人がいるというとき、国を愛するその心に感動を受けて、その国民がその人を通して福を受けるようになるのです。その国を愛する人によって、国民全体が福を受けるようになるのです。ですから、その国において、すべての国民が愛国者になることを願わなければなりません。愛国者が多くなれば、その国は栄えるのです。それはなぜそうなのかといえば、神様の愛によって一国のすべての存在物が生まれてくるときに、もともと神様の愛の中で保護を受けて生まれたからです。

したがって、神様の愛を受ける存在の前には、我知らず引かれていくのです。人も引かれていき、お金も引かれていき、万有の存在が引かれていくのです。それは、この実体世界もそうですが、霊的世界も引かれていきます。神様の愛をたくさん受ければ受けるほど、だんだんと大きくなっていき、それによって、それは自動的に一つの中心的な個人になり、団体になれるのです。また、国民を通して愛を受けられる基盤を築けば、世界を動かせる一つの国家になるのです。

これが原則なので、皆さんは侍る生活をしなければならないのです。このように、なぜ侍る生活をしなければならないのかを考えてみるとき、神様の愛を受けるためであることを知らなければなりません。

したがって、皆さんは、まず神様に侍らなければなりません。それでは、神様の愛を受けようとすれば、どのようにしなければならないでしょうか。神様が私たち人間に完全な愛をもってこられるので、私たちも完全な内容を投入しなければなりません。「至誠感天《しせいかんてん》（至誠、天に通ず）」という格言が韓国にあるのですが、それは本当に天理に通じた言葉です。「精誠をすべて捧げる」とは、それは、内外のすべてのものを尽くすことです。言行と心事《しんじ》（注：心に思う事柄）とすべての実践、良心生活圏までも、内外すべてのものを合わせて捧げることです。それが精誠です。「精」は精神のことを言い、「誠」は言偏に成すという字です。ですから、内外のすべてを成し遂げて捧げるという意味です。そのようになってこそ天に通じます。天が感動するのです。天が感動することによって、どのようになるのでしょうか。天がその人を思い、思うだけでなく、思いが常にとどまるようになれば、そこには愛が訪ねてくるのです。すべての思いがそこにとどまるようになるときには、愛がそこに連結されるようになるのです。思いがある所に、人の心が動くのです。

ですから、精誠を尽くす立場に立ってこそ、神様の愛を受けることができるのです。神様が私たち人間を愛するように、皆さんが神様のために精誠ですべてのものを捧げれば、そこで初めて神様の愛を感じ、神様を愛することができるのです。

堕落したために、皆さん自身が神様を愛することはできません。したがって、神様のために精誠を捧げることによって、神様の愛が私を訪ねてくるのであり、その愛を通して神様を知り、神様を愛することができるようになるのです。愛の根源は神様です。

堕落人間が神様の愛を受ける道

私たちがこの愛の歴史を見ると、愛は神様から出発したのですが、それが出発してどこに移されてきたのかという問題を考えてみるとき、昔アダムとエバの時代には、アダムに移されたのです。アダムを通して愛の歴史を連結してきたのです。それは、神様の愛は父親を通じて連結してきたということです。その次に、父親を通したその愛は、母親を通して移されるようになります。このように、父親と母親の愛が一つになって結実するようになります。夫婦が愛で一つになることによって、神様の本来の対象的な深い愛をもつことができるのです。

夫婦が互いに愛し愛される立場で、初めて第二の愛の主人公になれる、というのが原理観です。第一の愛の主人公は、神様ですが、第二の愛の主人公は、アダムとエバが一つになり、父母になることから始まるのです。したがって、父母は、愛の第二の主人公です。そのように、愛の歴史は、神様から父母を通して息子に連結するのです。これが、本来の愛がたどる伝統的歴史です。

ここで、再び神様の愛をどのようにして受けるのか、ということが問題です。今まで、「宗教を信じて救いを受けよう」と言ってきたのですが、ここで救いを受けるという言葉の意味は、神様の愛を受けることです。そのために、今までは道主を信じてきたのです。各宗教に主人がいるのですが、その宗教の主人とは何をする人でしょうか。人間は、堕落することによって父母を失いました。放浪者のような孤児になったのです。このような立場にいるので、この人たちを父母である神様と愛の因縁を結べるようにしなければ、天の愛圏、内的救いの道に入っていくことができません。したがって神様は、道主を送り、道主を神様の愛を受ける息子のような立場に立て、父的使命を代行するようにするのです。そして、神様の愛の圏内に第二次的に入っていこうとするのが宗教なのです。

侍る生活は至誠を尽くす道

キリスト教を見れば、これを備えているのです。聖父、聖子《せいし》、聖霊が正にそれです。聖子から聖霊まで、父の神、母の神を中心として信じてきたのは驚くべきことです。これは、人間がしたことではないのです。天がこのような愛の理想を実現できる一つの母体として地上に宗教的な形態を備えたのですが、そこに第二の神様のような愛の主人公の形態を自ら残せるようにしておいたものがキリスト教です。ですから、「キリスト教は全宗教の中心になることができる」という論理も、ここから成立するのです。このように、神様の愛の摂理がこのような経路を通してくるので、今日の私たちは、神様を信じ、また霊肉を中心とした父母に侍るのです。これは驚くべきことです。

霊界にいる霊人や地上にいる人間にとって、最高の希望とは何でしょうか。神様の愛を受けることです。ところが今までは、霊界の基準が分かれていました。今までは、霊肉の実体として神様の愛を受け得る父母を、人間がどんなにもとうとしてももつことができない、そのような歴史時代を経てきました。しかし、今私たち統一教会の時代になって、霊肉を中心とした父母の起源をもち得るのは驚くべき事実です。

ですから、今日この地上において、霊肉を中心として神様の愛を完成的段階に橋渡しできる責任者が、来られる主だというのです。来られる主がこの地上の主人公なのです。それでは、そのような主人公になろうとすれば、何をもたなければならないのでしょうか。武器をもってなるのではなく、権力をもってなるのではなく、何かの言葉でなるのではありません。それは愛です。公認された愛の立場でその人格が完成するとき、それは万世に通じます。どこでも通じない所がありません。霊界でも王宮でも地上世界でも、どこにでもみな通じるのです。

それで今日すべての人間は、これから来られる主人公を捜し求めているのですが、その主人公とは誰かというと、父母です。このように考えてみるとき、キリスト教で「新郎新婦」という結論を下したのは正しいのです。来られる主は父として来るのであり、新婦は母として登場するのです。それが実体を備えて現れるようになるとき、神様の愛は彼らを通して初めて出発するのです。

それでは、私たち統一教会は、神様の愛を受けるために信じるのですが、どのように信じなければならないのでしょうか。神様の愛を中心として、第二次的な愛の主人のような立場で、霊肉の完成的基盤の上に立っているのが真《まこと》の父母です。ですから、その真の父母を中心として至誠を尽くす道しかない、という結論に達するのです。

その生活とは、統一教会でいう「侍る生活」です。過去には、霊界に対して、神様に対して精誠を尽くし、祭祀《さいし》を捧げたりしました。今からは、そのようなことをしなくてもよいというのです。今では、自分の生活が祭祀です。神様の愛の圏内で美しく生き、その愛を受ける人としての権威を立て得る生活をすることが祭祀より優るのです。そのような時になったので、皆さんが侍る生活をしなければなりません。

精誠により真《まこと》の父母と一つになる生活

それでは、侍る生活とは、どのような生活でしょうか。至誠を尽くす生活です。昔は霊的に神様に対して精誠を尽くしましたが、今日では、実体的な父母の前に孝と誠《まこと》を尽くすのです。そのように、至誠の限りを尽くす孝と誠の道が、国に対する忠誠の始まりとなるのであり、これが万民や、万国を代表した聖賢たちの生き方だったのです。

したがって今日、この地上で、平面的な立場で父母に侍って孝と誠を尽くすという事実は、国の忠臣の道理を受け継ぐことができ、世界の聖人の道理を受け継ぐことができる、そのような価値のあることなのです。ですから、神様、あるいは真の父母の前に、孝子の名前をもち、孝子として公認を受けるのは、偉大で驚くべきことです。その場に立つようになれば、イエス様もうらやむはずであり、今までの歴史時代のいかなる道主たちもうらやむことを、皆さんは知らなければなりません。

今から真の父母と皆さんの関係は、鉄石《てっせき》のようでなければなりません。この関係は、この宇宙のいかなるものによっても切り離すことはできず、ここには異議がないのです。自分の父母に対して、「父母ではない」と言うことができるでしょうか。それは、理論や力ではできません。それは天下にありません。

それは神様もできず、誰にもできないのと同様に、皆さんが精誠を尽くして真の父母と一つになれば、誰もそれについてくることはできないのです。そこで自分だけがもち得る、最高の精誠を尽くした基盤をもつことによって、神様の愛が父母を通して自分に宿るようになるのです。

そのような立場に立つことによって、皆さんは、「原理」で教えてくれる神様の愛を中心として、真の父母を中心として、初めて皆さんに愛がとどまることができるので、四位基台《よんい》を完成できるのです。これが侍る立場であることを知らなければなりません。ほかの道はないのです。

今から、神様の愛を受けなければなりません。神様の愛を受ける道とは、原理的な生活をする道です。神様の愛は、アダムとエバから始まります。彼らが完全に一つになれば、神様と一つになることができる主体・対象関係になるので、第二の主体になるのです。それによって、実体をもった神様の愛の器官になるのです。その器官を中心として、昔イエス様を信じた以上に、道に対して精誠を尽くした以上に至誠を尽くし、孝と誠の道理を果たせば、自動的に神様の愛の圏内に入っていくことができるのです。

さらに有り難いことは、昔は、どんなに霊的に精誠を尽くしても、その精誠に対する反応を受けられる主体にはなれなかったのですが、今はそうではないのです。父母がいて、その父母に精誠を尽くすようになれば、その父母が霊的にも反応してくれるのですが、実体的に会ったとき、初めて会ったとしても、その父母がそばにいることを喜ばれるのです。精誠を尽くした人は、そうだというのです。先生に「なぜ出てきたのか」と言われる人たちは、精誠を尽くさなかった人たちです。精誠を尽くした人は、いくら見ても嫌ではないというのです。外的な姿はどれほどみすぼらしくても、天の前に精誠を尽くせば、その本性が愛の主体の前に対象的な立場に立つので、その完全な対象と完全な主体の間に神様の愛が自然とにじみ出て作用します。したがって、自然に一つになるのです。いなければ寂しいのです。この世に生きる楽しみがないのです。

それで、一番楽しい話が父母の語る話です。また、父母が一番喜ぶことが、息子、娘が今何をしているという話、自慢する話、うまくいっている話です。それが父母の楽しみであり、神様の喜びです。

それでは、天国はどこにあるのでしょうか。空中から落ちてくるのではありません。天国は、父母と子女の間でやりとりする生活的な舞台が大きく、その中にあるすべての被造物を、理想の条件として自らの生活で利用できる楽しさを一〇〇パーセント享受できる所です。そのような所が天国です。天国が別の所にあるのではありません。

ですから、仕事をしても、父母様のためにする仕事がどれほど良いかというのです。私が違うことをしても、私がどんなに苦労をしても、その仕事が父母様の命令に従って天道を明らかにすることができ、万民を解放できる驚くべき価値のある仕事だとすれば、それがどれほど有り難く、どれほど福の多いことか分かりません。ですから、難しくても感謝して、不平不満をもたない生活にならなければなりません。そのような生活がなされるとき、その人は天国人です。

その場は、皆さんが考えるような漠然とした立場ではありません。直接的にお父様とお母様が私の皮膚にぶつかってきて、私の精神にぶつかってくるのです。そのようなことが心からの感動の爆発として自分を刺激することを感じれば、その人は、既に天国の中で生きている人です。そのようになれば、少し人に接すれば、すぐに「あの人は悪い人で、あの人は良い人だ」と分かります。そのようになれば、皆さんが想像できない、次元の高い直接主管圏内に入ってくるのです。それが原理観です。そのように生きてみてください。

もし皆さんが、「私がこの品物を父母様に差し上げようと三年精誠を尽くしたにもかかわらず、持っていくことができません」と、このように言いながら、西方にいる人は東方に向けて、また東方にいる人は西方に向けて、父母様のいらっしゃる天を眺めて一年の四季を送りながら、季節が変化すれば変化するほど、それによって心がより切実になるならば、父母と直接通じるのです。

自分が捧げたいと思う以上のものを受けたと考えて、感謝する心をもっていけばいくほど、物事がうまくいき、霊的世界が明るくなるのです。結局は精誠です。精誠を込めるのが重要であることを皆さんは知らなければなりません。皆さんが鏡を見て、「この目が父母様に会いたくて何度涙を流し、この口が父母様の解怨《かいおん》成就をどれほど叫んでみただろうか、この耳が父母様の喜ばしい知らせを聞くことをどれほど待ち焦がれ、この手がどれほど父母様の地で血を流して仕事をしたのか。それができないことが恨《ハン》だ」と、このような心を感じなければなりません。その道を尋ねていくことが幸福であり、その道で天と因縁を結ぶことが幸福な道だと分かって行く人は、本当に幸福な人です。

その人は、誰も支配することができません。その人を動かせる人は父母しかいないのであり、その人を感動させる人も父母しかいないのであり、その人を幸福にする人も父母しかいないのです。また、父母もそうです。父母を幸福にできるのは、その息子しかいないのです。また、父母を喜ばせてあげられる人も、その息子しかいません。父母の願いがあるならば、父母自体にあるのではなく、その息子にあるのです。そして、その父母の代を継ぎ、天国の代を億千万代にわたって相続できる道がここから広がるのです。

至誠、天に通ず

ですから、これからは侍る生活をしなければなりません。夫婦の間でもそうです。夫婦が今まで暮らしてきた姿を見れば、言葉では「お父様が共にある」と言うのですが、実際にはお父様が共にいない家庭が多いのです。自分の主張は自分の主張のままであり、主体・対象関係においては、心情的に一つになれず、天の前に連結したものが何もありません。昔と変わったことが何もないのです。それは、そのような原則的な愛を実践できなかったからです。神様に侍る生活において、合格した立場に立つことができなかったためにそうだというのです。今後、そのような面で特別に皆さんが努力しなければなりません。

寝ても覚めても、皆さんの考えの中には天が共にあり、父母が共にあると考えなければなりません。「父母様が何千年ぶりに尋ねてこられた！」と、このように考えてみなければなりません。その父母が何千年ぶりに一度尋ねてくるために、数多くの善なる先祖たちが犠牲の代価を払い、数多くの世界が今まで滅びながら、数多くの国がふらつきながらも立ち上がり、また滅びては立ち上がるという瀬戸際を歩んできました。そして、誰よりも先に侍って精誠を尽くしたいその父母が、私の家がわらぶき屋根の家だとしても、行かれる道の方向を変え、私の家に訪ねてきてとどまってくだされば、と慕う生活をしなければならないのです。

農業をしてもそうです。「ああ、父母様が来られたならばこれを差し上げなければ」というのが天地の道理です。

天地の道理とは何でしょうか。夫婦二人が一つになっていく道、すなわち愛の道をいうのです。ですから、愛があればすべてが幸福になりますが、愛がなくなればすべてが不幸になるのです。愛があればすべてが和動（注：和して動ずること）しますが、愛がなければ荒れ果てて荒野になるのです。問題はそこにあるのです。

父母様がソウルから自分の地域に来られれば、父母様の話を聞いてみたくて、ひたすら十里の道も飛んでいける心がなければなりません。ソウルから何かの知らせがあり、教区長や教域長を通して伝達する知らせがあれば、「私がまず行かなければならない」と、このように考える人にならなければならないのです。皆さんは、このような心を、今後自分の生活舞台に実現させなければなりません。

これさえまず備えれば、世界のどこに出ていっても恥ずかしくないはずです。例えば御飯を食べても、水を飲んでも、どこに行っても、座っても立っても、誰に対そうと、父母様に対する幼子のような心情を彼らに見せることができれば、それで満点なのです。他の何か、知識が多いからといって、それが必要なのではありません。何かの博士学位が通じるのではありません。それは、争うときや収拾するときに必要なのです。学位で生活するのですか。

神様の前で「私は何々博士です！」と言って暮らすのですか。父が息子に、「おいおい、哲学博士のなにがし、数学博士のなにがし」と言うのですか。それは、すべて必要ないのです。神様の愛を誘導できるただ一つの道は、「至誠感天（至誠、天に通ず）」、それしかないのです。水を見ても父母様を考え、何を見ても父母様を考えなければなりません。先生は、そのような人です。

神様を愛するように兄弟姉妹を愛してこそ天国

水を見ても父母様を思い、何を見ても父母様を思うのです。先生は、清平《チョンピョン》が本当に好きです。自然を好む人なのです。一人でいれば心情が乾ききってしまいますが、自然を眺めれば、多様な刺激を感じるようになります。それぞれこの宇宙の中に、主人公のために、その存在の姿を表していることが、どれほど美しいでしょうか。それで先生は、すべて主体と対象のように感じるのです。山を見ても本当にかわいそうに見え、じっとしていても呼んでいるような霊感が来るのです。自然がそのようなことを見せてくれて、私がそれを感じるようになるのです。そのようなことは、一般の人にはよく分かりません。そのような世界を感じられない人は、分からないのです。そのようなことを、皆さんが考えなければなりません。

言い換えれば、侍る生活は遠くにあるのではありません。神様の愛の役事は、父と母を通してなされるのですが、彼らが一つになれば、第二の愛の主体として現れるのです。アダムとエバが一つになっていれば堕落はなかったのですが、これが壊れたのです。それで、これを再現させるための真《まこと》の父母の愛を中心として、対象的な横的基盤を拡大させるのが復帰歴史です。このような生活舞台を備えてこそ、皆さんが地上に天国を実現し得ることを知らなければなりません。

天国は、ほかのものではありません。神様に侍り、父母様に侍り、愛されて生きる所であって、それ以上のものがありますか。神様と父母様に侍って、互いに愛することができれば、それが天国です。それ以外のものではありません。

皆さんは、この愛を夫と妻に適用し、同僚との間に適用しなければなりません。私が父母様に会いたいのと同じように、父母は、父母よりも兄弟をもっと愛することを願います。事実がそうなのです。自分の父母には「孝行する」と言いながら、兄弟同士、けんかをするようになれば、その孝行は成立しません。

ですから、父母の心は、自分を思ってくれる心よりも、兄弟同士がよりために生きることを願うのです。たとえ父母を世話することができなくても、「お母さん、少し待ってください。私は弟を愛してきます」と言えば、「この子は、見所のある子だ」と思うのです。

それと同じように、兄弟を父母以上に愛する人は、天国の境界線内で永遠に暮らせる人です。しかし、兄弟を父母のように愛することができない人は、ここから外れるのです。これは簡単です。その道理の根本を悟ってみれば、簡単だというのです。ですから、私たち食口《シック》の間で一つになれるかなれないか、ということが問題です。父母の前に孝行できないそのような立場に立ったならば、父母のために自分が精誠を尽くしたことを、父母の代わりに自分の食口のために与えるのです。そのようにすれば、父母に孝行した以上のものとして天が受け入れるのです。そのような人は、必ず祝福を受けます。

神様の愛を実現する所が家庭

祝福の中で、最も重要なこととは何でしょうか。お金ではなく、名誉でもありません。権力でもありません。息子、娘が成長し、栄えていくことです。皆さんはそれを知らなければなりません。祝福の中で、一番良い福は何ですか。息子、娘が天の愛を受けられるように生まれることです。そうではないですか。山の谷間の向こうから降りてきた送電線のようなものを見れば、たるんでいますが、片方でつかんで引っ張れば、ぴんと張ります。同じように、息子が天の愛をたくさん受けるようになれば、私がある程度落ちたとしても、ぐっと上がることができるのです。恵みを受けるのです。そのようにして、三代が自分以上にどんどん発展するようになれば、一つの世代を飛躍できるのです。

ですから、福の中の一番の福とは何でしょうか。お金でもありません。権力でもないのです。何でしょうか。神様の愛の中で立派な息子、娘をもつことです。そのような面にとても関心があります。神様の愛の中で立派な息子、娘をもつことです。先生は、そのような面にとても関心があります。次に生まれる息子、娘が、どのように生まれるかが、千万金よりもっと重要なのです。その知恵や考えていることを見て、「ああ、私が今このように進んでいる」ということが分かります。それが分かるのです。それで、「必ず自分よりも立派な息子、娘が生まれるようにしなければならない」と思うのです。

しかも、統一教会を中心として見れば、皆さんは何でもありませんが、真《まこと》の父母を中心としてそのような心情の基盤を直接的に築くようになれば、統一教会の運勢に乗って生まれるのです。天地の運勢をもって生まれます。ある家の父母を見れば、中身の豆が抜けた殻のようにしか見えないのに、息子、娘は立派に生まれる、そのような場合があります。ですから、観相家や四柱によって運勢を占う人までが驚くのです。「あのような家庭で、どうやってあのような子が生まれたのか」と言うのです。それは統一教会の運勢に乗って生まれるからです。

ところが、「私が統一教会に入って何年にもなるのに……」と、このように言いながら、「自分のことを認めてくれ」と言う人がいるのですが、それは、よく分かっていない人です。神様が認めて、私の父母が認めて、私の息子、娘が認めればそれでいいのです。誰かに「認めてくれ」と言ってはなりません。「横にいる人が認めてくれるなら認めて、認めないなら認めないでもかまわない」と、このように考えなければなりません。神様が認めて、父母が認めて、息子、娘が認めればいいのです。息子、娘が分かってくれれば、世の中の人がいくら「何だかんだ」と言っても、これが一つになり、私と一緒にいて幸福で、私と一緒に感謝すれば、それは幸福な家庭になるのです。そうではないですか。四位《よんい》基台の理想を実現した基盤が完成するのです。

「誰かが分かってくれる、分かってくれない」とか、「何がどうで、こうで」と言うのは、なっていない人たちです。このようなことを理解して、これからは、皆さんが家庭でそのような生活をしなければなりません。神様の愛を実践するのです。

精誠を尽くせば神様が共にいらっしゃる

神様の愛は、どこから来るのでしょうか。その秘法は、他の所にあるのではありません。父母様のために至誠を尽くし、神様のために至誠を尽くせばいいのです。神様のために至誠を尽すのは漠然としていますが、父母様のために至誠を尽くせば平面的に運勢が動くので、すべての面で直感的に悟ることが多いのです。

例えば、過去のキリスト教徒が上がっていくときは精誠を尽くしました。個人から国家基準まで上がるのが蕩減《とうげん》復帰路程です。ですから難しかったのです。一段階上がってから、間違って一段階落ちれば、再び上がることはできません。そこで巡っている途中で一生を終えるのです。精誠を尽くして何段階か行ってから、また落ちれば、そこで滅びるのです。これが国家基準まで上がってくるために、数十万年もかかりました。ですから、霊的な基準を中心として、今までどれほど苦労したでしょうか。ですから、昔は、イエス様を信じても、悟りに通じるのが本当に難しかったのです。直接指導を受けるというのは、本当に困難でした。ましてや、愛という心情を感じることは、本当に難しかったのです。それが原理的にあり得たでしょうか。堕落圏なのに、本然の神様の愛がとどまることができますか。

今までの宗教は、神様の愛ゆえに蕩減の役事をしました。神様を知らなければ、苦労をしなくてもよかったのです。宗教を信じることで、かえって罰を受けました。何の罰を受けたのかといえば、サタンの総攻撃です。世の中には、今もそのような悪質な動きがいくらでもあるのです。

ところが、今の時代は、私たち統一教会では平面的です。真《まこと》の父母を中心とした基準ができているので、皆さんが一週間だけ精誠を尽くせば通じるのです。通じることができるのです。必ず父母様が現れます。先生が現れて教えてくれるのです。これがどれほどの革命か分かりません。昔イエス様を信じた人が、霊的にイエス様に会ったり、祈祷中にイエス様に会うことが簡単だったと思いますか。七年、二十一年の精誠を尽くして、初めて何度か会えたのです。そして、一段階、一段階動くことができるように教えてくれるのです。しかし今日、統一教会の信徒は、あまりにも簡単です。これは、平面的に非常に易しい段階に入ってきたからです。また、神様の愛を中心として連結し得る時代に入ってきたので、神様の愛の行く所では、すべてのサタン世界は自然に解放されるのです。神様の愛がとどまる所は、サタンの不可侵圏です。これが原理です。

原理とは、完成圏でもたらされたものをいいます。完成圏は、父母がいらっしゃる所なのですが、今日父母がいらっしゃるその完成圏に立っていれば、息子、娘が未完成な人間だとしても、父母の愛を受けられる保護圏内に立つことができるのです。したがって、父母さえしっかり自分のものにしていれば、サタンがどんなにたくさんいても、そこでは堕落できないとの結論が出てくるのです。それが可能なのが私たちの教会である以上、皆さんが生きている間に、ここでその心情を体得することができなければ、霊界に行ってこれが何万年、何千万年かかるか分かりません。ですから、この地上にいるときに、肉身でこのような感じを体験することが、驚くべき価値のあることだということを知らなければなりません。肉身を脱いでしまえば、それが不可能なのです。人は永遠に地上で生きるのではありません。肉身のある短い期間に、皆さんがこれをしなければなりません。裕福に暮らしているからといって、それができるのではなく、貧困な暮らしをしているからといって、それができないのでもありません。自分が置かれているそれぞれの立場において、父母に侍る愛の心を誘発させなければならないのです。

侍る伝統を世界的に立てていくべき私たち

したがって、侍る生活圏を、これから皆さんが拡大していかなければなりません。これが国家基準を越えて世界時代に向かう私たちの使命として、この伝統を立てなければなりません。皆さんがこの伝統さえ立てる日には、今後の世界に、いかなる民族が現れても恥ずかしくないはずです。皆さんの権威を堂々と立てて余りあるでしょう。

皆さんが、木の枝のように、根から幹が出て枝が広がれば葉が出るのと同様に、皆さんの伝統の前に、すべての人々が接ぎ木してぶらさがるようになっています。あとで入ってきて、「ああ、私が幹になろう」と言ってはいけないのです。

このようなことを知って、これから侍る生活をしなければなりません。それで、今まで「敬拝しなさい」と指示しました。ところが、ある祝福家庭は、「ああ、それをしなかったらよいのに」と言う、そのような人々がいるのです。その日が来ることを待ち焦がれ、その時間を待ち遠しく思って座り、自分が夜を明かしながらその時間を準備する心をもってみなさい。その時間が、どれほど福の多い時間か分かりません。

教会で「しなさい」と言うことは、すべて自分の生命を代わりにできる「忠」の心をもちなさいということです。「忠」というのは何でしょうか。「忠」とは、中心になった心を立てることです。中心になった心とは何ですか。それは自分の心ではありません。父母が中心であり、神様が中心です。その心を立てることが「忠」でしょう? そのようになっています。

ですから、皆さんがそのように理解して、侍る生活をすることによって、神様の愛の圏内に入っていくことができます。そのようにすれば、神様の保護圏内にとどまれることを知らなければなりません。これからは、これをしなければなりません。

そして、み旨を中心にした生活を、どのようにするのですか。それをしようとすれば、学校や幼稚園も、み旨を中心にした学校、幼稚園にならなければなりません。生活のすべての環境も、そのような人々がそろって暮らさなければならないのです。これが問題になるのです。生活的雰囲気を、どのように造成するかが問題です。学校でもそうです。その次には、一生を生きていくときに接する環境を、早くそのようにつくっておかなければならないと先生は考えています。原理原則に一致しないものがあり、心的に重荷となり、心に傷を受ける立場に立てば、これは大きな打撃です。

神様と真《まこと》の父母様の名によって伝統を立てよう

今では、先生が霊界に対して威信を立てました。数多くの道主が、結局は、この統一教会一つのために傍系《ぼうけい》的な立場で橋渡しをしたのです。それで、この一つの本然の主流が曲がらないのです。主流が曲がらないようにするためには、四方で協助していかなければなりません。そのようにしなければ曲がってしまうのです。

そのように犠牲になった傍系的な数多くの宗教を、みな解放してあげました。天使も、今までアダム再創造の役事に多くの苦労をしました。しかし、解怨《かいおん》はできませんでした。それは、神様もそうであり、イエス様もそうであり、数多くの宗教もそうであり、父母様もそうなのです。それで、先生が神様の解怨成就式、その次には父母様解怨成就式、その次にはこの全世界に代わって解怨成就式をしたのです。

そのようにして、地上天国が可能な時になったのですが、先生に侍る皆さんに対して、今一番心配するのは、今までの皆さんの生活態度を完全に革命しなければならないということです。自分たちだけで巣を造って、そこに入っていてはいけません。それは、天のためになることではありません。愛の原則を中心として、皆さんの家庭を再度テストして、構成し直し、新しい伝統を立てて、侍る生活の起源をきちんと準備しなければなりません。この侍る生活を連結させることによって天国実現が可能であることを今悟り、その道に従って、あすから実践躬行《きゅうこう》できる皆さんになってくださるようにお願いします。(七八―三〇〜四五、五〇、一九七五・五・一)

後天時代の生活信仰

2005年 8 月 1 日　初版第 1 刷発行
2016年 11 月 15 日　初版第 6 刷発行

著　者　文鮮明《ムンソンミョン》

編　集　世界平和統一家庭連合

発　行　株式会社　光　言　社

〒150-0042　東京都渋谷区宇田川町37-18

印　刷　株式会社　現文字現

ISBN978-4-87656-306-7 C0014 ¥1600E

2010000129050